Georg Kühlewind

Das Reich Gottes

Georg Kühlewind

Das Reich Gottes

Die Zukunftsvision des Neuen Testaments

Verlag Freies Geistesleben

Neuausgabe 2021
1. Auflage (2. Gesamtauflage)

ISBN 978-3-7725-3151-4

Verlag Freies Geistesleben
Landhausstraße 82
70190 Stuttgart
www.geistesleben.com

auch als eBook erhältlich

Umschlagfoto: Menno van Duijn /
© AGAMI Photo Agency / Blickwinkel
Druck: GGP Media GmbH, Pößneck
Printed in Germany

«Es ist schließlich doch immer das Reich Gottes,
das man sucht.»

Rudolf Steiner, Vortrag vom 7.10.1922

Inhalt

Liebe Leserin, lieber Leser,

mit dieser Karte können Sie uns Ihre Fragen und Wünsche
oder Ihre Meinung zum Buch mitteilen.

Diese Karte entnahm ich dem Buch: ______________________

Meine Meinung zu diesem Buch:

Ich habe folgende Fragen / Wünsche:

☐ **Ich bin damit einverstanden, dass meine Meinung eventuell veröffentlicht wird.** (Ggfs. bitte ankreuzen!)

Einstimmung

Es ist mir sehr bewusst, dass über die Evangelien zu schreiben ein nicht geringes Wagnis ist. Ich möchte es dennoch unternehmen; nicht weil ich überzeugt wäre, etwas höchst Bedeutendes vorbringen zu können, sondern weil ich meine, *einen* fundamentalen Zug dieser wie aller anspruchsvollen Bücher erkannt zu haben: dass sie nämlich auf der informativen Ebene nicht oder nicht wesenhaft verstanden werden können. Das ist mir an dem Bild des Säemanns aufgegangen, das im Nachfolgenden wohl die Hauptrolle spielt. Kurz gefasst: Die Saat muss aufgehen, es muss mit ihr das Wunder des Keimens geschehen – sonst geht ihr Wesen, Saat zu sein, in uns verloren. Mir scheint, das ist wenigstens eine der zentralen Botschaften, und es ist eine frohe Botschaft, ein Eu-angelion, dass dem Menschen nichts Wesenhaftes *fertig* gegeben werden kann. Darin gründet seine Würde: Er müsste alles neu schaffen, was ihm zukommt, *jedes* Buch, *jedes* Geschehen, sein Schicksal und die gegebene, nur zum Teil gegebene Welt.

An die jüngst geschriebene Betrachtung «Das Reich Gottes» schließt sich ein Aufsatz an, der einer viel früheren Zeit des Forschens entstammt. «Pilatus» nimmt die Geschichte, wie der Logosträger verurteilt wird, die unmittelbare Vorgeschichte der Erlösungstat, wie unter ein Vergrößerungsglas. Das Ergebnis dieser Untersuchung ist der vorangehenden neueren Arbeit insofern verwandt, als es zeigt: Wenn man die Zeichen der äußeren Geschehnisse nicht bis zum höheren Sinn verfolgt, wird man in Bezug auf das Wesentliche, das einem das wichtigste ist, durch sich selbst irregeführt. Dass dies einmal, im Falle der Erlösungsgeschichte, so sein musste und nicht anders möglich war, sollte keineswegs ein Trost oder gar Freipaß für uns, die heutigen Schriftgelehrten, Pharisäer und nicht einmal für die heutigen Pilati sein.

Die Gestalt des «Königs» im Pilatus-Aufsatz verbindet diesen mit der Schrift über das Königtum.

Das Reich Gottes

Die Grundlehre des Christentums

Dass das Reich oder Königtum der Himmel oder Gottes herangenaht ist und dass die Menschen danach streben sollten, dieses Reich zu verwirklichen, durchzieht als Lehre das ganze Neue Testament. Die Predigt des Vorbereiters, Johannes des Täufers, beginnt damit (Matth. 3,2) und auch die erste Predigt des Herrn (Matth. 4,17; Mark. 1,15; Luk. 4,43); das zu verkünden werden die Jünger ausgeschickt (Matth. 10,7; Luk. 10,9-11); dieselbe Lehre kennzeichnet die Apostelgeschichte und auch die Paulusbriefe. Eben darum ist die Frage berechtigt: Was bedeutet – besonders für die heutigen Menschen – dieses Reich, genauer: Königtum – *basileia?* Und dem Betrachter der Texte kann auffallen, dass das Wesen dieses Königtums im Neuen Testament nirgends klar dargestellt wird. Es wird davon gesprochen, wer es erreichen oder erben kann, es wird durch viele Parabeln charakterisiert, es wird gesagt, auf welche Weise man *nicht* in das Reich hineingelangt; wir finden aber keine ausdrückliche Schilderung davon. Und wenn die Frage nach dem Wesen des Königtums beantwortet wäre, so bliebe noch die: Warum keine direkte Darstellung? Stattdessen wird des öfteren vom «Geheimnis des Reiches Gottes» (Matth. 13,11; Mark. 4,11; Luk. 8,10) wie auch vom «Geheimnis» – *mysterion* – überhaupt gesprochen, das nicht auf direkte Weise mitteilbar zu sein scheint. Dann wird sogar von den Gleichnissen gesagt (Mark. 4,11-12, s. auch Matth. 13,14; Luk. 8,10): «... denen aber draußen widerfährt es alles durch Gleichnisse. Auf dass sie es mit sehenden Augen sehen und doch nicht erkennen, und mit hörenden Ohren hören und doch nicht verstehen; auf dass sie sich nicht dermaleinst bekehren und ihre Sünden ihnen vergeben werden.» Eine zunächst unverständliche und ungeheuerliche Aussage.

Um die Hauptfragen herum tun sich weitere Rätsel auf. Über das Königtum wird nur in den drei synoptischen Evangelien geschrieben, Johannes erwähnt das «Reich Gottes» nur wie nebenbei im Gespräch mit Nikodemus (Joh. 3,3-5) – warum?

Vom Königtum der *Himmel* spricht allein Matthäus, die anderen Evangelisten sprechen vom Königtum *Gottes* – eine weitere Besonderheit, die Erklärung heischt.

Außer von diesen Fragen eher formaler Art ist die Lehre vom Königtum mit dem Rätsel der Parabeln umrankt, die von ihm handeln: mit der Kindlichkeit, den immer in diesem Zusammenhang erwähnten Heilungen, mit der «Erbschaft» und vor allem der Gestalt des Säemanns, der wie ein großes Wappenbild der Lehre vom Königtum aufzufassen ist. Die nichtbildlichen Aussagen zu diesem Thema sind kaum weniger rätselhaft. Außer der schon erwähnten Aussage über die Parabeln findet man hier noch andere, die schwer zu verstehen sind. «Denn wer da hat, dem wird gegeben; und wer nicht hat, von dem wird man nehmen, auch was er hat» (Mark. 4,25; Matth. 13,12; Luk. 8,18). Oder: «Denn es ist nichts verborgen, wenn nicht, damit es offenbar werde, und nichts ist verheimlicht, außer damit es in Sichtbarkeit trete» (Mark. 4,22; Matth. 10,26; Luk. 8,17 und 12,2). Alle diese Rätsel müssten sich erhellen, wenn der Schlüssel des Reiches der Himmel gefunden ist.

Das Reich oder Königtum

Wir kennen heute fast nur die einzelnen *angewendeten* Bedeutungen der Wörter unserer Muttersprache und erfahren sie nicht mehr in ihrem Ursprung, in ihrer Urbedeutung, die alle Anwendungen ermöglicht, so wie das kleine Kind sie im Spracherwerb erlebt. Wir sagen «Anfang» im räumlichen, zeitlichen und «übertragenen» Sinne, die Urbedeutung aber, die all dies ermöglicht, ist dem Alltagsbewusstsein unerreichbar. Auch die Etymologie kann nur auf einstige Anwendungen eines Wortes blicken und auf den Wandel der angewendeten Bedeutungen – immerhin manchmal ein wichtiger Fingerzeig. Die Urbedeutung ist nicht aussprechbar, nicht erklärbar, höchstens zu umschreiben, wenn die meditative Versenkung sie erreicht oder ihr nahe kommt.* In tiefsinnigen und besonders in traditionellen religiösen Texten klingt die Urbedeutung in den Worten an – daher die Schwierigkeit, diese Texte zu verstehen.

Der Mensch kennt die Idee «Welt», ob das Wort mehr «Menschenalter» (siehe *Duden* Band 7 zu diesem Wort), das heißt «der Mensch ist dabei», bedeutet oder Ordnung und Schönheit (griechisch: *kosmos*) oder Licht, lichte Welt (ungarisch: *világ*, kroatisch: *svjet*) oder Frieden (russisch: *mir*): alles, was an Äußerem und Innerem in das Bewusstsein tritt oder treten kann. Innerhalb der «Welt» gibt es aber eine Teil-Welt, in der sich der Mensch als Ich-Wesen intim zu Hause fühlt, die er mit seinem Ich durchtränken, in der er sich jeweils artikulieren, in der er bewusst leben kann, wo ein Ich-Bewusstsein irgendeiner Art besteht. Dieser heimische Teil der Welt trägt ursprünglich den Namen «Königtum» oder «Reich».[1]

Wie weit das Königtum des Menschen reicht, hängt vom Ich ab. Das Königtum ist jeweils die Gesamtheit der Verhältnisse zwischen dem bewussten Ich-Wesen und der ihm gegebenen,

* Die technischen und wissenschaftlichen Ausdrücke sind eindeutig, weil sie nicht durch die Sprache gegeben, sondern von Menschen geschaffen sind.

durch es erfahrbaren «Umgebung» – auch der innerlich erfahrbaren –, alles einschließlich seinem Wie. Im partizipierenden archaischen Bewusstsein wurde die Mitwirkung des Menschen am «Bild» der Welt dumpf traumhaft erlebt, eben weil das Ich-Bewusstsein von diesem «Bild» gar nicht getrennt war. Das Gegebene war mehr, größer als heute; nicht nur die sinnlich wahrnehmbare Welt in ihrer Gefühlsfülle war gegeben, sondern größtenteils auch die innere Welt, wo der Mensch heute die Quelle seiner Gedanken ahnend fühlt und fühlend ahnt. Die sinnlich wahrnehmbare Welt ist dem Menschen auch heute gegeben, auch als Sinneswahrnehmung, was er so selbstverständlich findet, dass ihm diese Gegebenheit gar nicht bewusst wird, und gehört auch in der heutigen herabgelähmten Form zum Königtum des Menschen, und zwar eben in der herabgelähmten Gestalt;[2] sie verdeckt in ihrem nicht bemerkten Gegebensein dem Menschen die äußere und die innere geistige Welt.

Die Frage der «kritischen» Philosophie: Wie gelangt, was «außen» ist, in das Bewusstsein «hinein»? – selbst ein Ergebnis der Dualität der Seele – reißt das Königtum entzwei. Die stillschweigende immerwährende Mitwirkung des Bewusstseins am «Bild» wird nicht bemerkt. Dieses Mitwirken besteht einerseits in der begrifflichen Gliederung des Gegebenen – mit Begriffen, die im Hinblick auf die Natur keine echten, sondern eher nur formale Unterscheidungszeichen sind; andererseits in der nichtbewussten Herausfilterung aller höheren Gegebenheiten – im Fühlen und Wollen –, die im Königtum zur jeweiligen Epoche noch keinen Platz haben, da sie für den «König» allzu überwältigend wären.

Historisch gesehen war der König ursprünglich ein Mensch, der in seinem Ich-Wesen die anderen überragte, der gewissermaßen dem modernen Menschen näherstand als die anderen. Die Ich-Macht führte man auf einen höheren Ursprung, etwa auf Gottes Gnade zurück; der König sollte sich in den Problemen des irdischen Lebens seines Volkes besser auskennen als die anderen.

Im Zeitalter der Bewusstseinsseele oder der Mündigkeit der Menschen verblasst die Gestalt des Königs, denn ein jeder Mensch wird in seiner Ichheit stark genug, um den Anspruch zu erheben, in dem eigenen Leben selber zu regieren und in den Fragen der Volksgemeinschaft mitzusprechen. Und es hat sich ein *eigenes Leben*, das Eigenleben des Geistes,[3] das Seelisch-Individuelle stark ausgebildet.

Was gehört nicht zum Reich?

Nach dem Verblassen des partizipierenden Bewusstseins, in dem der Mensch in Einheit mit der Welt lebte, ist die *religiöse Zeit* eingetreten, in welcher der Mensch eine Wieder-Verbindung mit dem Himmel, mit der Gottheit anstrebte. In diesem Zeitalter, vor und bis zur Entwicklung der Bewusstseinsseele – die durch die Reflexionsfähigkeit des Bewusstseins auf sich selbst charakterisiert werden kann –, lebte die Menschheit im Gefühl der Polarität von Himmel und Erde, Göttern und Menschen. Alles was zum Himmel gehörte, war nicht Teil des Reiches, war Gebiet der Himmelsbewohner, deren Sein auch außerhalb des Reiches lag. Doch erstreckte sich dieses Gebiet nichtsdestoweniger in das Bewusstseinsleben der Erdenbewohner hinein, und zwar auf zweifache Weise: Einmal als das überbewusste Wie der Bewusstseinsfunktionen, ja als das Bewusstsein selbst, das noch kein Selbstbewusstsein war – der Mensch konnte sich noch nicht auf das Bewusstsein besinnen, es war *verborgen* vor ihm. Er war heimisch – war im Reich – in den Ergebnissen der Bewusstseinsprozesse, die zwar anders waren als die heutigen, aber ebenso wenig wie heute seiner Zuständigkeit unterlagen. Je weiter wir in der Bewusstseinsentwicklung rückwärts schreiten, um so mehr schrumpft der innere Teil des Reiches zusammen. Ebenso schrumpft das äußere Reich, das der Natur. Denn je weiter wir in der Entwicklung zurückschauen, desto mehr finden wir den Menschen abhängig von der Natur, wie er sie *damals* erlebte, so dass sich die Naturprozesse im geistigen Sinn in ihm fortsetzten – er war nicht getrennt von ihnen, daher war auch das nicht sein Reich. Des Menschen Reich ist mit der Bewusstseinsentwicklung stetig gewachsen.

Wie das Bewusstsein zum größten Teil von oben gewährt war, so wurde auch die Natur als ein Teil der Göttlichkeit, der göttlichen Gegebenheit empfunden und erlebt, als Ausdruck, *Zeichen* der Naturgöttlichkeit. Daher lautete die Frage im Hinblick auf die Natur – wenn überhaupt eine Frage auftauchte –: «Was bedeutet das?» im Gegensatz zu den Fragen der späteren Naturwissenschaft «warum?», «woraus?», «wie?». Es war die besondere Mission des Hebräertums, im Gegensatz zum Heidentum den Unterschied zwischen den Naturgottheiten und der Göttlichkeit der Inwendigkeit, der inneren Bewusstseinsquelle herauszuarbeiten. Denn nur die Gottheit des Ich-bin wirkt aktuell, im Jetzt, und führt dadurch die Menschheit in die Richtung der Bewusstseinsseele, des «Ich-bin», während die Naturgötter ihr Werk *einst* getan haben, *jetzt* jedoch nicht mehr wirksam sind – sonst wären keine Naturgesetze möglich – und nur durch ihre Vertreter die Naturschöpfung aufrechterhalten. Das sind die Elementargeister, Sylphen, Undinen, Salamander und Zwerge der Märchen, die unter einem Gesetz stehen, die keine Ich-

Wesen sind. Die Ich-Wesen und die Natur, beide gehören in der vorchristlichen Bewusstseinsverfassung nicht zum Reich des Menschen.

Die Polarität zwischen der «oberen» und der «unteren» Welt, zwischen den beiden Reichen, wird besonders nachdrücklich im Johannes-Evangelium hervorgehoben, in dem sonst selten die Rede vom Reich Gottes ist. So sagt der Herr dem Nikodemus: «Es sei denn, dass jemand von oben* geboren werde, so kann er das Reich Gottes nicht sehen» (Joh. 3,3).

In demselben Kapitel sagt Johannes der Täufer (ein positives Spiegelbild des «alten» – Joh. 3,4 – Nikodemus): «Der von oben her – *ánothen* – kommt, ist über alle. Wer von der Erde ist, der ist von der Erde und redet von der Erde. Der vom Himmel kommt, der ist über alle» (Joh. 3,31). Im 8. Kapitel, Vers 23 spricht der Herr zu den Juden im Tempel: «Ihr seid von unten her, ich bin von oben – *áno* – her ...» Und endlich zu Pilatus: «Mein Reich ist nicht von dieser Welt» (Joh. 18,36). Man muss wissen, dass das Wort *kosmos* – Welt – im Johannes-Evangelium viel öfter vorkommt als in den anderen Evangelien und immer *diese*, das heißt die irdische Welt bedeutet. So dass dieses Evangelium, das die höchsten Lehren, den höchsten Standpunkt im Hinblick auf das Geschilderte darstellt, zugleich auch am tiefsten das Verhältnis des von oben Kommenden zur hiesigen Welt andeutet.

Nun ist jeder Mensch von oben geboren. Wenn das Wiedergeborenwerden von oben als Bedingung dazu betont wird,

* Das griechische Wort *ánothen* bedeutet ursprünglich «von oben», *áno* = oben, nach oben; es wird sekundär auch im Sinne von «von Neuem» gebraucht, wie Luther es hier übersetzt; dass «von oben» im Text gemeint wird, erhellt aus den Versen Joh. 3,5-6.

das Reich Gottes zu «sehen» (Joh. 3,3), so bedeutet das ein bewusstes Wiederholen des einstigen Abstieges, das heißt, es muss das Bewusstsein erst von unten aufsteigen, um den kindlichen Zustand – was er auch bedeuten mag – und die Verbindung mit dem Organismus wieder zu gestalten. Die Bewegung muss jedenfalls von unten ausgehen, von dem Reich, wo der Mensch sich zu artikulieren vermag. Der Herr spricht zu dem unteren Menschen im Gespräch mit Nikodemus, der kaum versteht, während der Täufer von Anfang an im Verständnis wirkt und auch sein Anderssein, das ihm in das Reich Gottes einzutreten verbietet, akzeptiert.

Die Bewegung von unten nach oben nimmt die Möglichkeit der Bewusstseinsseele vorweg, ohne dass sich der Mensch jedoch bereits in dem Maße mit einem dritten Element auseinandersetzen müsste, wie es in der modernen Zeit notwendig ist. «Unten» heißt im Neuen Testament das Alltagsbewusstsein; das dritte Element ist das Unterbewusste – im Neuen Testament hat es noch keinen Namen –, das sich im Laufe der Jahrhunderte entwickelte und etwa zur Zeit der Romantik allgemein wurde. Dieses ist neben dem Himmels- und dem Naturreich ein weiteres Gebiet dessen, was nicht zum Reich des Menschen gehört, was aus diesem herausgefallen ist, sich von ihm entfremdet hat, obwohl es potenziell zu diesem Reich gehören könnte. Für den Menschen der modernen Zeit ist es notwendig, sich mit dem Unterbewussten auseinanderzusetzen, und zwar nicht theoretisch, sondern kräftemäßig, damit die verlorenen, im Unterbewussten gebundenen schöpferischen Kräfte zurückgewonnen werden, bevor wesenhafte Schritte in der Richtung nach oben getan werden können. Die *Metanoia* wird dadurch schwieriger.

Herannahen und Sinnesänderung

Sowohl Johannes der Täufer wie der Herr beginnen ihre Predigt mit dem Satz: «Ändert euren Sinn, denn das Königtum der Himmel ist herangenaht»* (Matth. 3,2 und 4,17). Wie in vielen Meditationstexten ist auch hier die Reihenfolge der Halbsätze umgekehrt, worauf das Wörtchen «denn» (griechisch: *gar* – bei Luther ursprünglich nicht übersetzt) hinweist. Dem Sinn nach: «Ändert euren Sinn, damit das Königtum der Himmel herannahen kann.»

«Herangenaht» heißt: Es ist noch nicht hier (siehe Mark. 9,1; 14,25; 15,43; Luk. 17,20; 19,11; 22,16-18). Damit es komme und da sei, muss etwas getan werden. Dieses «etwas» wird in den Gleichnisreden, die vom Gesichtspunkt der Menschen das Herannahen des Königtums beschreiben, stets als eine Aktivität derselben dargestellt, und es verbindet als gemeinsamer Zug alle diese Gleichnisse. Dieses Gemeinsame in den Bildern ist: die Sinnesänderung. In den Predigten Johannes' des Täufers werden dazu zwei Charakteristika gegeben. Das eine ist, dass es nichts nützt, sich auf die Abstammung von Abraham, also auf die Vergangenheit zu berufen, das andere ist, dass man die würdigen Früchte der Sinnesänderung bringen möge, sonst «wird der Baum abgehauen und ins Feuer geworfen.»

Das Sich-Loslösen von der Vergangenheit der Abstam-

* Das griechische Wort *metanoeite* wird von Luther mit «tut Buße» übersetzt, was dem ursprünglichen Sinn zwar nicht widerspricht, aber ihn auch nicht mit der möglichen Genauigkeit wiedergibt. Das griechische Wort enthält den *Nous* (*nous* bedeutet Sinn, Vernunft, Geist), und *meta* kann, wenn es in Wortzusammensetzungen vorkommt, am besten mit «Wandlung, Umkehr der Richtung, Hinübergehen» übersetzt werden.

mung, den Blutsbanden, wirkt in jener Zeit und Umgebung völlig revolutionär. Es bedeutet: Von jetzt ab ist der Wert, das Wesen des Menschen nicht mehr von seiner Abstammung, sondern von den individuellen Taten und Absichten seines Lebens bestimmt.

Wie viel auch die Botschaft: «Das Reich der Himmel ist herangenaht» schon in sich bedeutet, sie hat doch noch einen weiteren Bezug, der zum Beispiel von Markus in Worte gefasst wird: «Die Zeiten sind erfüllt» (Mark. 1,15; auch Gal. 4,4; Eph. 1,10). Sowohl Johannes dem Täufer wie dem Herrn ist es bewusst: Jetzt ist die große Zeitwende gekommen, es beginnt eine große neue Epoche – nicht eines einzelnen Volkes, sondern der ganzen Menschheit. Das wird erst durch Johannes den Evangelisten ausgesagt (Joh. 10,16), bildet aber den Inhalt der ganzen Arbeit des Apostels Paulus, des Heidenapostels.

Es ist charakteristisch, dass das Wort «herannahen» bei Johannes kein einziges Mal zu finden ist, während ein anderer Ausdruck: *ménein* – «bleiben» – reichlich gebraucht wird, unvergleichlich öfter als in allen anderen Schriften des Neuen Testaments. Es scheint, als schreibe Johannes aus einer Bewusstseinsverfassung heraus, in der das «Königtum» schon Wirklichkeit geworden ist.

«Die Zeiten sind erfüllt» – dieser Satz weist auf die Erwartungsstimmung hin, die das Neue Testament durchzieht. Sie wird durch Fäden aus dem Alten Testament gewoben: vor allem sind es die prophetischen Schriften, die das Motiv «Einst kommt der Erlöser Israels», «Es kommt eine andere Zeit» enthalten. Auf diese Stellen wird im Neuen Testament wiederholt Bezug genommen (Mark. 1,15; Matth. 1,22; 2,15; 26,54; Joh. 12,38; 13,18). Aber ebendiese Tradition wurde auf eine Weise missverstanden, die dann die Tragödie der Erlösungstat mit sich gebracht – und ermöglicht hat. Man muss das ebenso paradox ausdrücken, wie einst Augustinus über den Sündenfall gesprochen hat: *Felix peccatum Adae* – Adams glückliche Sünde. Bis in die Apostelgeschichte hinein, im Gespräch mit dem Auferstandenen (1,6), wird ein Wiederherstellen des «Königtums» auf Erden erwartet, jedoch ohne aktive Mitwirkung der Menschheit (siehe auch Luk. 19,11; 24,21).

Gerade das aber ist mit dem Herannahen *nicht* gemeint, geschweige denn mit der Sinnesänderung. *Beide* Ausdrücke zielen auf eine individuelle innere Wandlung des Menschen, in deren Folge sehr wohl auch eine Veränderung im äußeren Leben stattfinden kann, aber das Reich der Himmel *ist* eindeutig jene innere Gebärde. Worin sie besteht, ist das Thema der Gleichnisreden, der Bergpredigt, der Feldpredigt und eigentlich des ganzen Neuen Testaments. Solch eine allgemein-menschliche Wandlung kann nur stattfinden, wenn etwas in der geistig-irdischen Wirklichkeit *geschieht*, durch Worte persönlicher Art kann eine solche Veränderung nie bewirkt werden. In der Erfüllung der Zeiten muss für die ganze Menschheit etwas geschehen, das die individuelle Wandlung ermöglicht. Dieses Geschehen wird in den Worten des Täufers angedeutet: «Ich taufe euch mit Wasser zur Sinnesänderung; der aber nach mir kommt, ist stärker als ich, und ich bin nicht würdig, ihm die Schuhe zu tragen; der wird euch mit dem Heiligen Geist und mit Feuer taufen» (Matth. 3,11; siehe auch Mark. 1,8; Joh. 1,33; Luk. 3,16). Die Taufe mit dem Heiligen Geist *und* mit Feuer – beide sind ein und dasselbe – ist ein rein geistiges, innerliches Geschehen beziehungsweise wird durch Handauflegung der Jünger und Apostel Christi vollzogen, manchmal aber ohne diese Gebärde.[4] Im – vielleicht nur scheinbaren – Widerspruch zu den Worten des Täufers hat Jesus selbst nicht getauft.* Nach den hochpreisenden Worten Jesu über den Täufer (Luk. 7,24-29) ließen sich «alles Volk, das ihn hörte, und die Zöllner taufen mit der Taufe des Johannes». Im nächsten Satz heißt es: «Aber die Pharisäer und Schriftgelehrten ... ließen sich nicht *von ihm* taufen.» In der Apostelgeschichte (19,3-5) werden zwei Arten der Wassertaufe beschrieben. Die Jünger in Ephesus sind schon «auf die Taufe des Johannes» getauft, werden dann von Paulus auf den Namen des Herrn Jesu getauft, wonach sie durch seine Handauflegung den Heiligen Geist empfangen. Wo in der Schrift «Taufe» steht, handelt es sich um eine Wassertaufe. So auch Apostelgeschichte 10,47, als die Zuhörer gleich nach der Predigt des Petrus den Heiligen Geist empfangen; es heißt dort: «Mag auch jemand das Wasser wehren, dass diese nicht getauft werden, die den Heiligen Geist empfangen haben, gleichwie auch wir? Und befahl, sie zu taufen in dem Namen des Herrn.» Ebenso wird die Taufe geschildert in der Geschichte von der Bekehrung des Kämmerers aus Äthiopien durch Philippus: «Und als sie zogen der Straße nach, kamen sie an ein Wasser. Und der Kämmerer sprach: Siehe, da ist Wasser; was hindert's, dass ich mich taufen lasse?» (Apg. 8,36-38). Beide steigen ins Wasser – das zeigt wohl, welcher Art die Taufe war, auch auf den Namen Jesu Christi.

Die Unsicherheit in den Evangelien (Joh. 3,22 und 4,2; Luk. 7,24-29), ob die Jünger tauften oder der Herr selbst, klärt sich, wenn man in Betracht zieht, wie der Herr durch seine mächtige Wirkung und Ausstrahlung in den Jüngern unmittelbar gelebt hat; das erklärt auch, warum es notwendig

* Nach Joh. 4,2 haben nur Jesu Jünger getauft, obwohl solches Joh. 3,22 auch von Jesus gesagt wird.

war, ihn zu «verraten», das heißt zu zeigen, wer unter den Jüngern der Herr selbst war.

Eines kann mit Sicherheit im Hinblick auf die Wandlung durch die Taufe festgestellt werden: Sind die Johannes-Taufe und die Taufe auf den Namen Jesu mit einer Einwirkung auf den körperlichen Organismus verbunden, so ist die «Taufe» mit dem Heiligen Geist und mit Feuer ein eher symbolisch-körperliches Geschehen in der Form der Handauflegung, falls eine solche überhaupt stattfindet. Selbstverständlich war auch für die Johannestaufe und die christliche Wassertaufe eine geistige Vorbereitung notwendig – ohne diese hätte das Untertauchen ins Wasser bis zur Grenze des Ertrinkens nur eine körperliche Schockwirkung hervorgerufen. Später verschwindet das körperliche Geschehen fast gänzlich, die «Taufe» wird immer mehr innerlich vollzogen, und auch der einmal empfangene Heilige Geist sollte als Fähigkeit gepflegt und immer wieder entfacht werden (1. Thess. 5,19; 2. Tim. 1,6) – es war kein einmaliges Geschenk, das einfach blieb: Der Fähigkeitscharakter wird durchweg klar gezeichnet (Matth. 10,20; Mark. 13,11; Luk. 12,12; Joh. 14,17 und 26).

Der Säemann

Unter den Bildern der Parabeln oder Gleichnisreden nimmt die Gestalt des Säemanns eine zentrale Stelle ein. Nicht nur, weil dieses Bild bei allen drei Synoptikern zu finden ist (Matth. 13,3ff.; Mark. 4,3ff.; Luk. 8,4ff.) – dass Johannes es nicht erwähnt, hat seinen sinnvollen Grund –, nicht nur, weil um dieses Bild eine Reihe wesentlicher Aussagen über das Königtum gruppiert sind, sondern auch weil der Herr selbst es als das grundlegende Gleichnis bezeichnet: «Verstehet ihr dieses Gleichnis nicht, wie wollt ihr denn die andern alle verstehen?» Da dieses Gleichnis die wesentlichsten Züge des Königtums zusammenfasst, soll die Geschichte vom Säemann hier in der Fassung des Evangelisten Markus vollständig wiedergegeben werden (Mark. 4,2-25). Diese ist nämlich die konzentrierteste Form des Gleichnisses.

«Und er predigte ihnen lange durch Gleichnisse; und in seiner Predigt sprach er zu ihnen: Höret zu! Siehe, es ging ein Säemann aus, zu säen. Und es begab sich, indem er säte, fiel etliches an den Weg; da kamen die Vögel unter dem Himmel und fraßen's auf. Etliches fiel in das Steinige, wo es nicht viel Erde hatte; und ging bald auf, darum dass es nicht tiefe Erde hatte. Da nun die Sonne aufging, verwelkte es, und dieweil es nicht Wurzel hatte, verdorrte es. Und etliches fiel unter die Dornen; und die Dornen wuchsen empor und erstickten's, und es brachte keine Frucht. Und etliches fiel auf ein gutes Land und brachte Frucht, die da zunahm und wuchs; und etliches trug dreißigfältig und etliches sechzigfältig und etliches hundertfältig. Und er sprach zu ihnen: Wer Ohren hat, zu hören, der höre! Und da er allein war, fragten ihn um dies Gleichnis, die um ihn waren, samt den Zwölfen. Und er sprach zu ihnen: Euch ist's gegeben, das Geheimnis des Reiches Gottes zu wissen; denen aber draußen widerfährt es alles durch Gleichnisse. Auf dass sie es mit sehenden Augen sehen und doch nicht erkennen, und mit hörenden Ohren hören und doch nicht verstehen; auf dass sie sich nicht dermaleinst bekehren und ihre Sünden ihnen vergeben werden. Und er sprach zu ihnen: Verstehet ihr dieses Gleichnis nicht, wie wollt ihr denn die andern alle verstehen? Der Säemann sät das Wort. Diese sind's aber, die an dem Wege sind: wo das Wort gesät wird und sie es gehört haben, so kommt alsbald der Satan und nimmt weg das Wort, das in ihr Herz gesät war. Also auch die sind's, bei welchen aufs Steinige gesät ist: wenn sie das Wort gehört haben, nehmen sie es alsbald mit Freuden auf, und haben keine Wurzel in sich, sondern sind wetterwendisch; wenn sich Trübsal oder Verfolgung um des Wortes willen erhebt, so ärgern sie sich alsbald. Und diese sind's, bei welchen unter die Dornen gesät ist: die das Wort hören, und die Sorgen dieser Welt und der betrügliche Reichtum und viele andere Lüste gehen hinein und ersticken das Wort, und es bleibt ohne Frucht. Und diese sind's, bei welchen auf ein gutes Land gesät ist: die das Wort hören und nehmen's an und bringen Frucht, etliche dreißigfältig und etliche sechzigfältig und etliche hundertfältig. Und er sprach zu ihnen: Zündet man auch ein Licht an, dass man's unter einen Scheffel oder unter einen Tisch setze? Mitnichten, sondern dass man's auf einen Leuchter setze. Denn es ist nichts verborgen, wenn nicht, damit es offenbar werde, und ist nichts verheimlicht, außer damit es hervorkomme. Wer Ohren hat, zu hören, der höre! Und er sprach zu ihnen: Sehet zu, was ihr höret! Mit welcherlei Maß ihr messet, wird man euch wieder messen, und man wird noch zugeben euch, die ihr dies höret. Denn wer da hat, dem wird gegeben; und wer nicht hat, von dem wird man nehmen, auch was er hat.»

Gewöhnlich wird das Gleichnis vom Säemann und seine Erklärung als ein Bild vom Schicksal des Predigens, des Missionierens aufgefasst. Die es auf diese Weise zu verstehen meinen, bei denen ist das Wort bis zum heutigen Tag nicht auf guten Boden gefallen. Denn wenn es so einfach wäre, würde anlässlich des Gleichnisses nicht in allen drei Evangelien die

Mahnung und der Anspruch an die Jünger erhoben: «Euch ist's gegeben, das Geheimnis des Reiches Gottes zu wissen ...» (Mark. 4,11). Das ist die Bedingung, um das Gleichnis des Säemanns zu verstehen – ein für die Jünger selbst allzu hohes Erfordernis. Sie wäre keineswegs notwendig, wenn das Gleichnis dem Predigen gälte. Die Jünger verstehen das Gleichnis nicht; zwar lautet ihre Frage nach Matthäus (13,10) nur: «Warum redest du zu ihnen durch Gleichnisse?», aber in den beiden anderen Evangelien fragen sie direkt nach dem Sinn des Bildes (Mark. 4,10; Luk. 8,9). Und auch bei Matthäus wird dann die «Erklärung» gegeben.

Dem Säemann-Bilde folgen bei Matthäus und Markus unmittelbar weitere Gleichnisse über das Königtum, bei Lukas etwas später; aber die Säemann-Figur ist das erste Bild über das Königtum in allen drei synoptischen Büchern, und das erklärt, warum es vom Herrn gedeutet wird, warum es als das Schlüssel-Gleichnis angeführt wird und warum um dieses herum eine Reihe von Äußerungen zu finden sind, die sich teils auf den Gebrauch der Gleichnisse, teils auf das Königtum selbst beziehen. Außer dem Säemann-Gleichnis wird ein weiteres «gedeutet», ebenfalls von einem Säenden (Matth. 13,24-30). Man sollte sich klarmachen, dass die Erklärungen ihrerseits weiterer Erhellungen bedürfen, wenigstens für den heutigen Menschen. Im Neuen Testament wird eigentlich nur das Säemann-Bild in zwei Formen erklärt, obwohl es heißt, dass der Herr «durch *viele* Gleichnisse ihnen (dem Volke) das Wort sagte, nachdem sie es hören konnten; und ohne Gleichnisse redete er nichts zu ihnen; aber in Sonderheit legte er es seinen Jüngern alles aus» (Mark. 4,33-34). Das «Wort» bedeutet hier offensichtlich «das Wort von dem Reich» (Matth. 13,19). «Auslegen» ist im griechischen Text mit dem Verb *epilýein* – «auflösen» – ausgedrückt. Dieses

Wort ist nicht geeignet, die gegebenen «Erklärungen» zu beschreiben, denn diese sind selbst Gleichnisse oder wenigstens Rätsel. Damit kommen wir überhaupt zur Frage: Wie ist das Verhältnis der Jünger beziehungsweise der außerhalb des Jüngerkreises Stehenden zu den Gleichnisreden?

Die Gleichnisreden

Die drei synoptischen Evangelien enthalten viele Gleichnisse, im vierten Evangelium sind weit weniger zu finden, und diese haben einen besonderen Charakter,[5] vor allem beginnen die meisten mit dem «Ich bin» (z.B. Joh. 15). Das Wort «Gleichnis» – *parabolé* – kommt bei Johannes gar nicht vor. Die Gleichnisse bei den Synoptikern gelten der «Volksmenge» – *óchlos* – (Matth. 13,34; Mark. 4,34), die Jünger hören mit, und der Herr setzt voraus, dass letztere sie verstehen, was nur teilweise zutrifft; des öfteren stellen sie Fragen, wie schon dargestellt wurde, und werden wegen ihres Unverständnisses gerügt (Matth. 15,15; Mark. 7,17).

Von den Jüngern gefragt, warum er zur Menge in Gleichnissen rede, gibt der Herr eine harte und zunächst kaum verständliche Antwort (Matth. 13,11-18; auch Mark. 4,11-12; Luk. 8,10-11): «Euch ist's gegeben, dass ihr das Geheimnis des Reichs der Himmel verstehet; diesen aber ist's nicht gegeben. Denn wer da hat, dem wird gegeben, dass er die Fülle habe; wer aber nicht hat, von dem wird auch genommen, was er hat. Darum rede ich zu ihnen durch Gleichnisse. Denn mit sehenden Augen sehen sie nicht, und mit hörenden Ohren hören sie nicht; denn sie verstehen es nicht. Und über ihnen wird die Weissagung Jesajas erfüllt, die da sagt:

Mit den Ohren werdet ihr hören und werdet es nicht verstehen; und mit sehenden Augen werdet ihr sehen und werdet es nicht vernehmen. Denn dieses Volkes Herz ist verstockt, und ihre Ohren hören übel, und ihre Augen schlummern, auf dass sie nicht dermaleinst mit den Augen sehen und mit den Ohren hören und mit dem Herzen verstehen und sich bekehren, dass ich ihnen hülfe. Aber selig sind eure Augen, dass sie sehen, und eure Ohren, dass sie hören. Amen, ich sage euch: Viele Propheten und Gerechte haben begehrt zu sehen, was ihr sehet, und haben's nicht gesehen, und zu hören, was ihr höret, und haben's nicht gehört. So höret nun ihr dieses Gleichnis von dem Säemann.» Darauf folgt die «Erklärung».

Es stellt sich die Frage, wozu überhaupt geredet werden soll, wenn es nur ist, «damit sie nicht verstehen». Die drohenden, harten Worte stammen von Jesaja (6,9-10): «Und er (Gott) sprach: Gehe hin und sprich zu diesem Volk: Höret, und verstehet's nicht; sehet, und merket's nicht! Verstocke das Herz dieses Volks und lass ihre Ohren hart sein und blende ihre Augen, dass sie nicht sehen mit ihren Augen noch hören mit ihren Ohren noch verstehen mit ihrem Herzen und sich bekehren und genesen.» Wie aber Owen Barfield[6] betont, gehen Jesajas Worte auf die Psalmen 115,4-8 beziehungsweise 135,15-18 zurück. Psalm 115 ist ein wenig ausführlicher (4-8): «Jener Götzen aber sind Silber und Gold, von Menschenhänden gemacht. Sie haben Mäuler und reden nicht; sie haben Augen und sehen nicht; sie haben Ohren und hören nicht; sie haben Nasen und riechen nicht; sie haben Hände und greifen nicht; Füße haben sie und gehen nicht; sie reden nicht durch ihren Hals. Die solche machen, sind ihnen gleich, und alle, die auf sie hoffen.»

Nun kann man zur Zeit Christi beim Volk Israel einen

Götzendienst im ursprünglichen Sinn gewiss nicht vermuten.* Aber wo die geistige Wirklichkeit in Zeichen – auch durch Worte – dargestellt wird, besteht immer die Gefahr, dass die Zeichen für die Wirklichkeit genommen werden. So ist es auch mit der mosaischen Lehre geschehen. Die höheren Wahrheiten können nicht direkt – als Informationen – mitgeteilt werden, das vernehmende Bewusstsein muss sich auf die entsprechende höhere Ebene begeben, um sie wirklich zu verstehen – sonst entstünden verzerrte Wahrheiten, und sie sind auch entstanden. Die höheren Erkenntnisse können nur durch Symbole, meditative Texte, Bilder und ähnliches, also auf Umwegen angedeutet werden, die das Bewusstsein anspornen, sich auf die den Inhalten adäquate Ebene zu erheben. Wird das Zeichen, zum Beispiel der Text, in seinem informativen Sinn als das Ganze, als *die* Wirklichkeit genommen, so haben wir es mit Götzendienst im übertragenen Sinne zu tun. In diesem Sinne war zumindest ein großer Teil der Juden zur Zeit Christi Götzendiener.

Die Fähigkeit, durch die Bilder der Gleichnisse bis zur höheren Wahrheit zu dringen, war die Bedingung, zum inneren Kreis der Jünger zu gehören. Die Gleichnisse bildeten die Hürde, über welche sich das Bewusstsein erheben sollte. Die «harten» Worte – von Jesaja übernommen – bedeuten ein

* Der heidnische «Götzendienst» war kein solcher, solange das an der Naturgeistigkeit partizipierende – sie miterlebende – Bewusstsein die Bilder und Standbilder als Zeichen jener Geistigkeit empfunden hat, Zeichen einer erlebten Wirklichkeit, die mit der eigenen Geistigkeit verschmolz, weil sie mit ihr verwandt war. Erst als die Geistigkeit, deren Zeichen die «Götzen» waren, nicht mehr erlebt wurde, nahmen die Zeichen selbst Götzenrolle an: sie verloren den Zeichencharakter und wurden damit zu wirklichen Götzen.

Auswahlprinzip. – Die Unmöglichkeit des direkten Mitteilens von Wahrheiten höherer Art wird in Kierkegaards Werk *Einübung im Christentum* durch den Begriff des göttlichen «Inkognito» zusammengefasst: Man musste diese Mauer durch Einsicht durchstoßen, um den Heiland im Sohne des Zimmermanns erblicken zu können.

Der innere Kreis und die Außenstehenden

Worin unterscheiden sich die Jünger beziehungsweise die zum inneren Kreis Gehörigen von der «Volksmenge»? «Euch ist gegeben, die Geheimnisse des Königtums der Himmel zu verstehen» (Matth. 13,11; Mark. 4,11; Luk. 8,10). Aber oft können die Jünger die Gleichnisse nicht «verstehen», obwohl sie dazu angehalten werden. Sie fragen nach ihrem Sinn, so beim Säemann, beim Gleichnis vom Unkraut (Matth. 13,24 bzw. 36ff.), bei dem Spruch «Was zum Munde eingeht ...» (Matth. 15,11 bzw. 15,15). Sie verstehen zunächst nicht, was der Herr unter dem «Sauerteig» der Pharisäer meint (Matth. 16,6; Mark. 8,15ff.; Luk. 12,1), und «sie waren nicht verständiger geworden über den Broten, und ihr Herz war verstockt» (Mark. 6,52); es wird da auf die Brotvermehrung Bezug genommen (Matth. 14,13ff.; Mark. 6,30ff.; Luk. 9,11ff.; Joh. 6,1ff.), und das Unverständnis bezieht sich auf das Wandeln Jesu auf dem Meer (Matth. 14,22ff.; Mark. 6,45ff.; Joh. 6,15ff.), das in allen Darstellungen nach der Speisung der Fünftausend erfolgt.

Wenn man die vom Herrn gegebenen oder angedeuteten «Erklärungen» der Gleichnisse betrachtet, nach deren Bedeutung die Jünger gefragt haben, so kann man feststellen:

Diese Erklärungen scheinen im Grunde genommen recht gemeinverständlich zu sein, manchmal sogar trivial – so wird der Sauerteig der Pharisäer einmal als ihre Lehre (Matth. 16,12), ein andermal als ihre Heuchelei (Luk. 12,1) gedeutet. Zu gleicher Zeit aber enthalten die Deutungen ein Element, das weitere Erhellung erfordert. So im Falle des Sämanns das «Wort» Gottes, der «Teufel» und das Wort «Geduld» (Luk. 8,15); beim Unkraut-Gleichnis «die Kinder des Reichs» und das ganze Ende der Erklärung (Matth. 13,41-43), das Endfeuer. Auch beim Satz über die Verunreinigung scheint die Deutung trivial zu sein, aber der Vers Matth. 15,18 und der nächste «Was aber zum Munde herausgeht» sowie das «Herz» bleiben rätselhaft; ebenso der «Sauerteig», der ja auch in einem Gleichnis über das Reich vorkommt (Matth. 13,33; Luk. 13,20-21). Es bleibt bei jeder Erklärung ein Rest; so auch die Frage, warum die Jünger aus der Brotvermehrung hätten lernen können zu verstehen, was für eine Bewandtnis es hat mit dem Wandeln auf dem Meer.

Was von den Jüngern, vom inneren Kreis, erwartet wird, ist nicht bloß ein Verstehen im Gegensatz zu den Nicht-Verstehenden «draußen». Sie sollten die Blüte der mosaischen Lehre darstellen, im Wie des Verstehens das Ich-bin. Denn dazu sollte der Weg vom brennenden Dornbusch letztlich führen. Ein *ichhaftes Verstehen* wird angestrebt. So unterscheiden sich die Jünger von den Außenstehenden vor allem durch diese Anwartschaft auf ein neuartiges Verstehen. Aber auch darin, dass auf sie die Ausstrahlung der geistigen Sonne, die unter ihnen in der Gestalt des Herrn wandelt, eine besondere Wirkung hat. Die Heilkraft des Herrn geht auf sie mehr oder weniger über[7], und damit ist auch ihr wachsendes ichhaftes Verständnis verbunden. Wo sie dieses nicht zeigen, werden ihnen Vorwürfe gemacht (Mark. 8,17-21). Während die imaginativen Bilder der Gleichnisse für das «Volk» durch die in ihm noch lebendigen Reste archaischen Hellsehens wirkungsvoll sind – denken wir an den Einzug in Jerusalem (Matth. 21,1-9; Mark. 11,1-10; Luk. 19,29-38; Joh. 12,12-16) –, sollten die Jünger dieselben einerseits vernunftmäßig, in der Art der sokratischen Gespräche verstehen,[8] zugleich aber durch eine neue ichhafte Imagination.

Das «Verstehen» der Gleichnisse

Gleichnisse – im Sinne des Neuen Testaments – entstehen, um höhere Wahrheiten in adäquater Form mitteilen zu können. Sie entstehen, indem der Mensch auf die höhere Wahrheit stößt, sich in ihr sammelt und den höheren Willen – die höhere Spontaneität – empfangend in die Richtung der Wahrheit, von dieser aus – wie umgekehrt[9] – betätigen lässt. Die Seele macht eine Bewegung, wenn sie von einer wortlosen höheren Wahrheit erfüllt ist, mit dieser identisch wird: Das ist die Idee der *Adaequatio* (Anpassung, Gleichwerden) des Thomas von Aquin. Durch dieselbe Gebärde entsteht das Gleichnisbild – in ihm lebt dieselbe Geste auf einer niedrigeren Bild-Ebene. Das Gleichnisbild ist wie jedes Zeichen einer Sprache klangliches oder schriftliches, mit den Sinnen wahrnehmbares Zeichen einer *Bedeutung*. Wird das Zeichen allein als Wirklichkeit hingenommen, so ist das Götzendienst.

Es gibt noch einen weiteren Weg, um höhere Wahrheiten zu vermitteln. Dieser kann die Sprache der Bewusstseinsvorgänge genannt werden.[10] Weil die Wirklichkeit eine Idee ist – auch die geistige Wahrheit – (die Sinneswelt wird außer durch diese noch durch Wahrnehmen konstituiert), kann sie durch das Erkraften und Erhöhen der Aufmerksamkeit, die auf die Bewusstseinsprozesse gerichtet ist, diesen angenähert werden. Im Prozess des wortlosen Verstehens fallen die geistige Wirklichkeit und der Bewusstseinsvorgang zusammen. Das Bild des Säemanns ist das Gleichnis, die nachfolgende «Erklärung» bezieht sich auf das Seelenleben oder Bewusstseinsleben des Menschen. Sie kommt nicht auf die Ebene des Informativen herunter – das ist in Bezug auf höhere Wahrheiten unmöglich.

Das Vernehmen oder Verstehen sowohl der Gleichnisse wie der Bewusstseinssprache kann nur durch ein Aufsteigen zur Quelle der Gleichnisse oder der Höhenrede* geschehen. Es gibt keine Möglichkeit, dieses Sich-Erheben zu umgehen und dennoch die höhere Wahrheit zu verinnerlichen. Zu diesem Sich-Erheben aber kann der Mensch verschiedene Fähigkeiten verwenden, verschiedene Wege gehen, und besonders im Hinblick auf die Höhenreden kommt allein eine neue, durch das Christentum allgemein gewordene Fähigkeit in Frage.

Die Gleichnisreden können durch zwei verschiedene Seelengebärden vernommen werden. Beide arbeiten mit der empfangenden Aufmerksamkeit, die oft «leere Aufmerksamkeit» oder «leeres Bewusstsein» genannt wird (siehe das

* Wir wählen den Ausdruck «Höhenrede» für diese Art Texte, weil sie zum ersten Mal in der Bergpredigt erscheint bei Matthäus und Lukas. Das Johannes-Evangelium ist fast gänzlich in dieser Sprache gehalten – sie deutet fortwährend auf die geistigen Prozesse der Seele hin. Die Bergpredigt und die Feldpredigt (Luk. 6,20ff.) sind allerdings so formuliert, dass sie auch für ein einfühlendes Bewusstsein Sinn ergeben – wenn auch das Denken nie mit erfassen kann (zum Beispiel «Selig sind die Sanftmütigen; denn sie werden die Erde erben.») –, im Gegensatz zu anderen Höhentexten, wie etwa dem Prolog des Johannes-Evangeliums.

Kapitel «Wie die Kindlein»). Der ältere Weg zur Hervorbringung dieses Kelches ist das Verlassen, Auslöschen oder Ablegen des Alltagsbewusstseins, was in der archaischen Seelenstruktur unschwer geschehen konnte. Damit wurde auch das angehende Ich-Bewusstsein aufgehoben. Ein solches Bewusstsein zeigt heute annähernd das kleine Kind unter drei Jahren. Wenn es sagt: «Himmelsblau» und noch nicht sagen kann: «Der Himmel ist blau», so lebt es im partizipierenden, vom blauen Himmel noch nicht getrennten, empfangenden Bewusstsein, ohne Ich-Bewusstsein, das heißt, ohne «Ich» sagen zu können. Die zweite Satzform ist nur im Gegenüberstehen möglich, wenn der Himmel und seine Bläue voneinander getrennt worden und zum Gegen-Stand geworden sind und der Gegenüberstehende wenigstens ein keimhaftes Ich-Bewusstsein entwickelt hat.

Das archaische Bewusstsein kann den Weg vom Zeichen, vom Bild des Gleichnisses zum Sinn mehr oder weniger leicht zurücklegen – ursprünglich sind Zeichen und Sinn gar nicht getrennt. Das Ich-Bewusstsein, das eben durch das Verblassen und Verschwinden der empfangenden Aufmerksamkeit gebildet wird, muss, um diese Aufmerksamkeit für das «Verstehen» der Gleichnisse doch hervorzubringen, selbst einen Schritt unternehmen. Dieser besteht darin, dass das Ich-Bewusstsein sich verstärkt – nicht gedämpft wird, wie in der archaischen Seele, sondern so stark wird, dass der Mensch es nicht mehr auf seine erste Stütze, auf die Empfindung des Leibes beziehen muss. Es kann sich auf sich selbst stellen, ohne Stützen des Leibes, ohne das körperlich-seelische Selbst-Empfinden. So kann der Mensch sich *mit* dem Ich-Bewusstsein auf eine höhere Bewusstseinsebene erheben. Die Kraft dazu kommt aus dem Logosfunken im Alltags-Ich. Dieser wurde dem Menschen in den gefallenen schwachen

Teil der Seele gesenkt durch die Fleischwerdung des Logos,[11] und das verleiht dem Alltags-Ich, dem individualisierten Teil des Ich, die Möglichkeit des *Anfanges*, des Tuns aus Freiheit, das heißt ohne einen vorausgehenden Grund, außerhalb jeder Kausalität: die Möglichkeit des Schaffens.

Die Gleichnisse können auf ichhafte Weise verstanden werden, wenn das Ich-Bewusstsein bei der Quelle der Gleichnisse, im Wortlosen, Bildlosen, Zeichenlosen, im Sinn bestehen kann. Dann ist das Alltags-Ich mit dem immer anwesenden, aber nicht ichbewussten höheren Teil der Geistseele vereint, und es beginnt dadurch die Individualisierung des Geistwesens. Die empfangende, leere Aufmerksamkeit verbindet sich mit dem gesteigerten Ich-Bewusstsein (sie ist mit letzterem identisch), das nunmehr ohne ein Gegenüber, ohne ein Etwas bestehen kann. Und die Leerheit wird sofort erfüllt mit dem wortlosen Sinn des Gleichnisses.

Dass das archaische Bewusstsein sich leicht mit Mythen, Symbolen und Gleichnissen – verschiedenen Mitteilungsformen von Wahrheiten höherer Art – verbindet, gilt nur im allgemeinen. Diejenigen Gleichnisse, die sich auf das Königtum der Himmel beziehen, sind für die archaische Seele fast unerreichbar, weil sie eben auf die neue ichhafte Art des Verstehens der Himmelswahrheiten hindeuten und hinführen. Nur derjenige, in dem sich der Keim der Ichhaftigkeit zu regen begonnen hat, ist *diesen* Gleichnissen gewachsen. Das ganze Bild des Königtums weist auf diese neue Möglichkeit hin, sich den Himmeln anzunähern. *Das* ist die große – bis heute kaum verstandene – Revolution in der Geistesgeschichte der Menschheit.

So kann man den Unterschied in der geistig-seelischen Konstitution zwischen dem inneren Kreis des Herrn und der «Volksmenge» genauer fassen. Die ersteren scheinen einen keimhaften Ich-Funken – einen Vorboten der Bewusstseinsseele – in sich zu tragen; die letzteren entbehren ihn, können aber, falls das Gemüt rein geblieben ist, *fühlen*, dass sie im Herrn mit einer Göttlichkeit zu tun haben. Und es kann hie und da in einem unter ihnen der Ich-Keim aufwachen. Gerade das wird durch die Gleichnisse und Höhenreden provoziert.*

Damit wird keineswegs behauptet, dass die Jünger, die zum inneren Kreis Gehörigen, keine archaischen Fähigkeiten in sich getragen hätten; im Gegenteil: ihre Empfindlichkeit gegenüber dem Logosträger stammt aus dem bewahrten Teil ihrer alten Erkenntnisfähigkeiten. Daneben aber waren sie mit einem Keim der Ichhaftigkeit begnadet – etwa wie Heraklit –, welcher es ihnen ermöglichte, den Schritt ins Christentum, in die Welt des Ich-bin zu tun.

Die Schwierigkeit, mit einer archaischen Seelenkonstitution die Gleichnisse zu verstehen, steigert sich zu einer Unmöglichkeit, wenn es um die Höhenreden geht. Diese sind nämlich in der Sprache der Bewusstseinsvorgänge gehalten, setzen also das Hinschauen-Können auf diese voraus – eine Vorwegnahme der Bewusstseinsseele, wie sie auch unter den Jüngern selten gelingt. Das Johannes-Evangelium ist fast gänzlich in dieser Sprache gehalten, und das erklärt sein Schicksal im Laufe der Jahrhunderte, wie auch, dass in diesem Evangelium der Gegensatz zwischen dem Herrn und den ihn fragend Umgebenden, das Unverständnis, am schärfsten geschildert wird – wie es fast bis zur Steinigung kommt (Joh. 8,59; 10,31).

* So sagt auch der Zen-Meister dem Schüler: «Du hast keine Buddha-Natur» (das heißt Geistigkeit) und bringt damit die Buddha-Natur in ihm zum Erwachen; wenn nämlich der Schüler das versteht, so ist das Verstehende in ihm gerade die Buddha-Natur.

Die Bedeutungen der Gleichnisse und der Höhenreden sind *lebendige* Wahrheiten, deswegen muss sich der Vernehmende auf die Ebene der Geistesgegenwart erheben, wenn er sie wirklich vernehmen will. Auf diesen inneren Schritt beziehen sich die Ausdrücke im Neuen Testament: «das Wort *(logos)* tun» und «die Wahrheit tun» – eigentlich steht im griechischen Text «machen» – *poiein* – (Jak. 1,22-25; Matth. 7,24; Luk. 6,47; Joh. 3,21; 1. Joh. 1,6). Das Wort, die Unverborgenheit («Wahrheit» aus dem Griechischen wortwörtlich übersetzt[12]) zu «machen» bedeutet «selber hervorzubringen», zu «erfahren» – wie man etwa einen Gedanken eines anderen Menschen versteht: indem man ihn selber denkt, hervorbringt und so erfährt, denn das Denken ist selbsterfahrend – was Gedanke geworden ist, war in der Gegenwärtigkeit der Aufmerksamkeit mit dem Denken und Denkenden identisch. Wer nicht «macht» – mitmacht –, erfasst nur die Außenseite des Wortes oder den Ausdruck der Wahrheit, nicht aber sie selbst.

Die Gleichnisse und die Bilder können auf der informativen Ebene vernommen werden, einfach als triviale Geschichten, wobei sie meistens widersprüchlich, paradox und «ungerecht» erscheinen, wie zum Beispiel die Geschichte von den anvertrauten Pfunden (Luk. 19,11-27) oder Zentnern (Matth. 25,14-30) mit dem Motto (Matth. 25,29; Luk. 19,26): «Denn wer da hat, dem wird gegeben werden ...» – was schon als Höhenrede in seiner «Ungerechtigkeit» auf der informativen Ebene unverständlich ist; das wird auch im Text angedeutet (Luk. 19,25). Offensichtlich geht es um eine höhere, verborgene Bedeutung. Diese offenbart sich aber allein auf einer höheren Bewusstseinsstufe, und den Hörenden anzuregen, sich auf diese zu erheben, ihn wirklich zum Hörenden zu machen ist das alleinige Ziel und die Rechtfertigung des Textes. Dabei ist offensichtlich auf jede triviale Deutung, auf alle gewohnten Bedeutungen der Worte zu verzichten – es geht um ihre Urbedeutung. Auch das Reden über die höheren Wahrheiten ist eine Neuigkeit, die Tatsache, dass der Herr überhaupt darüber zu der Volksmenge spricht. Es wird bemerkt (Matth. 13,35): «Auf dass erfüllet werde, was gesagt ist durch den Propheten, der da spricht: Ich werde meinen Mund auftun in Gleichnissen und will aussprechen die verheimlichten Dinge von Anfang der Welt.»

Hier erscheint das Motiv vom «Verborgenen» («die verheimlichten Dinge»), dessen Offenbarung ein Hauptzug des Neuen Testaments ist. Im alltäglichen Sprechen vernimmt man die Zeichen, und diese müssen wie Samen aufgehen im Bewusstsein, damit der Sinn des Textes Erfahrung wird – das Bewusstsein muss für einen kaum merklichen Augenblick ins Zeichenlose steigen, um die Zeichen zu verstehen. Das ist nur anhand eines anspruchsvollen, nicht trivialen Textes zu beobachten; bei gewöhnlichen Texten «schaltet» man fast automatisch, ohne innere Arbeit. Handelt es sich um Texte höherer Art, wie die Gleichnisse oder Höhenreden, dann ist das Zeichen der einfache, informative Sinn selbst, und *dieser* wird der Same, der in der Seele aufkeimen müsste – ein Samenkorn eben, nicht eine fertige Pflanze. Damit sind wir beim Bild des Säemanns angelangt.

Das Urgleichnis

«Versteht ihr dieses Gleichnis nicht, wie werdet ihr alle anderen erkennen?» Mit diesem Satz wird das Säemann-Gleichnis als Prüfstein charakterisiert und wird zum Prototyp aller Gleichnisse im Hinblick auf das Königtum. Darunter ist folgendes zu verstehen: Der gesäte Same ist das Gleichnis selbst, und in wessen Herzen dieser Same zu keimen beginnt, der versteht dieses Gleichnis und alle anderen. Das Gleichnis muss verwirklicht werden, damit man es versteht – es beschreibt das eigene Schicksal: Es kann verloren gehen und kann auf guten Boden fallen. Das Schicksal des Samens hängt von dem Boden ab. Das ist der neue Zug im Verhältnis von Himmel und Erde, von der oberen zur unteren Welt. Das von oben Gegebene wird nicht mehr *ganz* gegeben, es muss ihm von unten Bereitschaft, «gutes Land» entgegenkommen.

Der geschilderte Charakter des Gleichnisses kann «Selbstbedeutung» genannt werden: jedes Bild, jede Idee versteht sich selbst, verwirklicht – im günstigen Fall – sich selbst. Damit ist natürlich immer eine *neue* Idee gemeint: Ein Same kann nur einmal aufgehen, und eine Pflanze wird nicht gesät. Die immer-neue Saat ist gemeint oder die Urfähigkeit, immer Neues hervorzubringen oder zu verstehen. Im Bild wird Schlummernd-Lebendiges in ein Schlummernd-Lebendiges gesät – die Erde ist auch lebendig –, und da ist die Möglichkeit, dass beide erwachen, falls die Saat nicht verloren geht. Das Verloren gehen kann auf dreifache Weise geschehen: durch den unfruchtbaren Boden, durch das Ersticktwerden von Pflanzlichem und durch Aufgefressenwerden von Tierischem. Der vierte Teil wird in das willige Herz gesät und dort empfangen – im Ich des Menschen. Denn der erste und grundlegende Satz der «Erklärung» sagt: Der Säemann säet das Wort – den Logos. Den Logos kann nur ein Ich-Wesen empfangen, das ist die Quelle der Worte – und diese stammen aus *dem* Logos. Den drei Möglichkeiten des Verlorengehens entsprechen die drei Schichten des menschlichen Seelenwesens, in welchen das Wort nicht gedeihen kann.

«Neben den Weg»* fällt ein Teil der Saat und wird von den Vögeln gefressen – die Logoskraft, die nicht dem *Weg* dient, wird vom Teufel, vom Bösen genommen. Der «Weg» hat Doppelsinn: Einmal bezeichnet das Wort den Weg des Menschen zur Vervollkommnung (Matth. 22,16; Mark. 12,14; Luk. 20,21, besonders Joh. 14,6: «Ich bin der Weg, die Wahrheit und das Leben»); es bezeichnet aber auch den Weg der Welt im Sinne der heraklitischen Logoslehre vom Urfeuer bis zum Endfeuer. Was auf beiden Wegen danebenfällt, wird zur Beute des Bösen, das dadurch wächst. Dieses Bild entspricht dem Schicksal der menschlichen Geisteskräfte, aus denen sich, weil sie nicht geistgemäß gebraucht werden, das Unterbewusste bildet. Das «Steinige» in der Seele ist das im Gedankenbereich Festgefahrene, wo das Wort nicht auf die Fruchtbarkeit des Gemüts trifft. «Unter Dornen» gerät das Wort, wenn die lebensvolle Interessiertheit durch andere Ziele als das geistige Leben besetzt ist.

Kann aber nur ein Ich-Wesen den Logossamen empfangen, so stehen wir anscheinend vor einem neuen Paradoxon. Denn Ich-Wesen zu sein heißt zugleich ein Logos-Wesen zu sein, so ist im Ich-Wesen der Logos schon anwesend. Hier stoßen wir auf das Mysterium der Fleischwerdung, auf das Einziehen des Logos in das «Fleisch», in den schwachen, gefallenen, sündigen Teil der Menschenseele, während er im geistigen Himmel derselben immer schon anwesend war. Anstatt des Bildes vom Säemann finden wir bei Johannes (1,14) die Worte: «Und der Logos ward Fleisch und hat sein Zelt in uns aufgeschlagen.» Im Fleisch, wovon es im vorangehenden Vers heißt, dass die Kinder Gottes nicht aus ihm geboren werden

* «Neben» – griechisch *para*; die gleiche Präposition ist im Wort «Parabel», Gleichnis enthalten.

können. Johannes spricht in der Form der Höhenrede aus, was die anderen Evangelisten im Gleichnisbild des Säemanns darstellen. Kein Wunder, dass dieses Bild in seiner Schrift nicht vorkommt. Die fertige Welt, die Natur, wurde durch das Wort geschaffen, dazu gehört zum Teil (zum Teil, weil das Ich ihn in seine Verantwortung nimmt) der Leib des Menschen. Der Logos aber im Menschen ist kein fertiges Wort wie in der Natur, sondern wortfähige Quellkraft wie der Logos selber. Daher wird im Bild ein Unfertiges und Fruchtendes gesät, das im günstigen Boden dreißig-, sechzig- und hundertfach tragen kann. Ein unvergänglicher Samen, wie ihn Petrus beschreibt (1. Petr. 1,23-25): «Als die da wiedergeboren sind, nicht aus vergänglichem, sondern aus unvergänglichem Samen, nämlich aus dem lebendigen Wort Gottes, das da ewiglich bleibt. Denn ‹alles Fleisch ist wie Gras und alle Herrlichkeit des Fleisches wie des Grases Blume. Das Gras ist verdorrt und die Blume abgefallen; aber des Herrn Wort bleibt in Ewigkeit›. Das ist aber das Wort, welches unter euch verkündigt ist.»

Der Unterschied zwischen dem fertigen Wort in der Schöpfung und dem im Menschen von Anfang an wohnenden (bleibenden: «wohnen» und «bleiben» werden durch dasselbe griechische Wort *ménein* ausgedrückt) bildete den Gegensatz zwischen den Juden und den Heiden, denn die letzteren haben diesen Unterschied nicht oder nicht so scharf empfunden wie das Volk des Alten Testaments, das seit Moses auf das Ich-bin-Wesen seine Aufmerksamkeit (*sie* ist die Kraft des Ich) gerichtet hat oder hätte richten sollen. Ähnlich, wie das Alte Testament diesen Unterschied macht, haben die Stoiker ihn empfunden.[13]

Das Wachsen des Logos in der menschlichen Seele – gemäß dem bekannten Satz des Heraklit – das Fruchten, die

Fähigkeit, immer Neues und Immer-Neues hervorzubringen, extrem gedacht, als andauerndes Schaffen des Menschen, ist das nicht, was unter dem Königtum der Himmel oder Gottes gemeint ist?

Der Logos ist zweimal, zweifach im Menschen anwesend. Damit wird die Bewusstseinsseele veranlagt,[14] durch die der Mensch befähigt wird, auf sein Bewusstsein zu schauen. Dadurch kann er auch seine höhere Wesenheit, das wahre Ich, entdecken und in diesem die Anwesenheit des Logos von Anfang an in der mitgeborenen Fähigkeit, Bedeutung, Sinn hinter den sinnlich wahrnehmbaren Zeichen zu vernehmen, diese als Zeichen aufzufassen, die Spuren des Logos in den Sprachen, im gegebenen Wie des Denkens, in den überrationalen Ideen des Guten, Wahren, Schönen, die Logosidee selbst zu *sehen*. Der Logos wurde Fleisch, damit die Menschheit und nicht bloß ihre Auserwählten ihn selbst erkennen können. Der Hinweis darauf lautet: «Ich bin der gute Hirte und erkenne die Meinen, und die Meinen erkennen mich» (Joh. 10,14).

Der Logos ist kein Begriff im gewöhnlichen Sinne einer Logik. Diese Idee kann nicht gedacht werden, denn wir denken durch sie. Die Fleischwerdung befähigt durch den Schatten oder das Licht, das der Logos vorausgeworfen hat, schon Sokrates und alle ihm nachfolgenden Denker zum logischen irdischen Denken. Dieses Denken ist aber im Vergleich mit dem allgemein gewordenen wissenschaftlich-technischen Denken der letzten anderthalb Jahrhunderte noch lebendig. Es kann noch die lebendige Idee des Logos erfassen. «Wo das Denken das Leben ergreift, wird es auch vom Leben ergriffen» – der schöne Satz von Wilhelm Kelber beschreibt dieses Denken, das aus dem unteren, im «Fleisch» hausenden Logos genährt wird; zugleich hat es einen unverdorbenen, durch das noch unentwickelte Unterbewusste kaum gestörten Zugang zum oberen Logos im Überbewussten der Menschenseele. Aus solchem Zusammentreffen stammt zum Beispiel die Logoslehre des Heraklit. Den Wort-Charakter, die Zweiheit von Zeichen und Sinn, ersieht man an dem Zusammenhang des Bildes «Feuer» mit dem Sinn oder der Bedeutung «Logos». Das Bild gehört zum älteren imaginativen Bewusstsein, die Idee «Logos» zum lebendigen intuitiven Denken, das die Bedeutung erfahren kann. Durch das durchsichtig gewordene Bild *sieht man* die Bedeutung.

«Der Säemann sät den Logos» (Mark. 4,14); «Der Same ist der Logos Gottes» (Luk. 8,11) – wer sät ihn, wer ist der Säemann? Und wenn da gesät wird, bedeutet das eine Mehrzahl der Samen. Damit kommen wir zur stoischen Idee des *logos spermatikos*, des Logos, «der als Same wirksam ist» (W. Kelber). Die zwei Probleme – die Frage nach dem Säer und der Mehrzahl des Logos – sind im Grund durch *eine* Antwort zu lösen. Für die Ideenerfahrung ist die Einheit das Ursprüngliche und ursprünglich Erlebbare; die archetypische Idee ist selbst das schöpferische Prinzip, das sich auf verschiedenen Stufen und Formen vermehrt – in weiteren Teil-Ideen und in Dingen –, ohne die eigene Einheit einzubüßen. Die Uridee der Pflanze entfaltet sich in den Ideen der Pflanzenfamilien, diese in den Ideen der Pflanzengattungen und diese kleiden sich in die vielen erscheinenden Pflanzenindividuen. Alle haben Teil an der Idee der Urpflanze, alle sind Zeichen der Uridee des Pflanzlichen.

Geht es aber um den Menschengeist, wie im Gleichnis des Säemanns, dann ist es der Logos selbst, der sich in den Herzen der Menschen sät, ohne sich, seine Einzigkeit aufzugeben, und er kann in den Menschen zu einem Logoswesen wachsen. Das Geheimnis der Mehrzahl ist es, das uns verstehen lässt, wie die einmalige Fleischwerdung des Logos in *einem* menschlichen Leib, wie die Auferstehung dieses Leibes durch ihn für jeden Menschen eine vorbildhafte und keimhafte, vermehrungsfähige Gültigkeit hat: Es ist ein *logos spermatikos*, ein vermehrungsfähiges Vorbild. Damit ist auch die Frage nach dem Säemann beantwortet: Der Logos sät sich selbst in der Fleischwerdung. Denn das Licht kann nichts anderes als Lichthaftes schaffen – das Auge nämlich. Der Logos als schöpferisches Kraft-Wesen kann nur ihm selber Gleiches schaffen, alles andere ist der Weg dazu. Deshalb wird er der Erstgeborene genannt (Röm. 8,29).

Nicht nur das geistig-grammatische Problem der Mehrzahl ist durch das Bild des Säemanns berührt, sondern auch das Subjekt-Objekt-Verhältnis. Im Erkennen wird das Subjekt «homöopathisch» zum Objekt, und ebenso wenig besteht eine Dualität im Augenblick des Schaffens. Ist aber die Schöpfung geschehen, entfernt und entfremdet vom Schaffenden, dann wird sie ihm und anderen zum Objekt, bis im Verstehen dieses wieder für einen Augenblick aufgehoben wird im Subjekt. Das partizipierende Bewusstsein – extrem betrachtet und dargestellt – kannte keine Dualität, im Wahrnehmen war die Idee miterlebt, sie hat das Denken nicht nötig gehabt. Im Erscheinen und Vernehmen des Neuen wird im Keim die neue, ichhafte Partizipation für einen Augenblick vorgelebt, wie im Gegenwartsaugenblick des Denkens – gewöhnlich nicht erfahren, meistens nicht einmal geahnt. Im meditativen Bewusstsein wird der sonst flüchtige Augenblick zur Dauer – man *bleibt*, *wohnt* im Blitz des Verstehens, der Intuition.

Wo sich der Mensch mit Sinn und Bedeutung berührt – das heißt praktisch überall, auch wenn es nicht bemerkt wird, dass ein Ding nur durch seinen Begriff jenes Ding für den Menschen ist –, regt sich der Logoskeim in ihm. Man kann die Empfindlichkeit, die Empfängnisbereitschaft für Sinn und Bedeutung nicht unterrichten, auch nicht wecken, wenn das Wesen nicht schon auf Sinn und Bedeutung gestimmt ist. So kann auch das Denken nicht auf etwas anderes zurückgeführt werden – auf einen Reiz-Antwort-Mechanismus etwa, der nie ein neues Sinnvolles hervorbringen oder «begreifen» könnte –, und das Denken ist die unterste Stufe der Logostätigkeit im Menschen. Seine Unzurückführbarkeit – die Unmöglichkeit, es durch etwas anderes als sich selbst zu erklären – ist das Spiegelbild des großen Vor-Bildes, des Archetypus des Säemanns, der sich selbst sät.

Die gesäten Logosfunken in jedem einzelnen Menschen sind die Elemente, aus denen sich das Königtum der Himmel verwirklichen kann. Wenn in den Menschen dieser Keim zum Wachsen gebracht wird, wenn der Funke zur Flamme auflodern kann, dann wird das Leben im einzelnen und in der Gemeinschaft zu dem, was der Text des Neuen Testaments als das Reich der Himmel oder Gottes bezeichnet, zum Beispiel in der Bergpredigt. Das ist die weitere Bedeutung des Plurals der Samen: Ein Reich oder Königtum wird aus vielen und durch viele Menschen aufgebaut, sie sind die Ziegel, aus denen die Stadt gebaut wird. Bei Matthäus (13,19) heißt es: «Bei allen, die das Wort des Königtums* hören und nicht verstehen ...» Der Logos des Königtums ist die Möglichkeit, aber nach der Bedeutung des Wortes «Logos» auch das Wie, die Regel, die Art, wonach das Königtum gestaltet wird. Damit gelangen wir zum Fundament des Königtums. Es wird auf die Armut gegründet.

* An dieser Stelle wird zum «Königtum» weder «der Himmel» noch «Gottes» hinzugefügt.

Die Armen im Geist

Sobald im Neuen Testament Aussagen über das Herannahen des Königtums gemacht werden, werden die Armen im Geist als die zukünftigen Inhaber dieses Reiches genannt: «Selig sind, die arm sind im Geist, denn ihr ist das Reich der Himmel» (Matth. 5,3; Luk. 6,20).

Die Armen sind im allgemeinen bevorzugt, was auf Jesaja 61,1 zurückgeht – die Stelle, die der Herr in der Synagoge zu Nazareth aufschlägt (Luk. 4,16ff.) –, das ist ein durchgehender Zug im Neuen Testament. So charakterisiert sich der Herr selbst mit den Worten Jesajas, als die Jünger des Johannes ihn fragen, ob er der Kommende sei: «Die Blinden sehen und die Lahmen gehen, die Aussätzigen werden rein und die Tauben hören, die Toten stehen auf, und den Armen wird das Evangelium gepredigt» (Matth. 11,5; Luk. 7,22). Jakobus äußert sich in seinem Brief (2,5) auch in diesem Sinne: «Die Armen sind die Reichen im Glauben.» In diesem Zitat scheint der Schreiber über die wirtschaftlich Armen zu sprechen, an den anderen Stellen bleibt es zweideutig, ob es um die Armen oder die Armen im Geist geht. Auch in der Geschichte vom reichen Jüngling (Matth. 19,21; Mark. 10,21; Luk. 18,12) bleibt zweifelhaft, was «Reichtum» und «Armut» bedeuten. Doch ist von der Erfahrung her klar, dass Armut an sich, ohne innere Bereitschaft, noch keine Anwartschaft auf das Reich sein kann.

Arm (oder Bettler) sein im Geiste bedeutet indes: Es wird von oben her, aus dem Himmel der Seele, aus dem überbewussten Bereich kaum etwas oder eben nichts mehr gegeben. Das Alltagsbewusstsein ist von seiner eigenen geistigen Quelle getrennt. Früher sind die Gaben von oben frei und reichlich geflossen; nunmehr ist der Mensch arm, *hat* nichts, wird nicht mehr von der Göttlichkeit besucht, wie einst Abraham (1. Mos. 18), und wird nicht mehr von der Gottheit angesprochen, wie Moses (2. Mos. 3). Das Nichts-Haben ist aber gerade der Durst nach dem Geist und zieht die Geistesgaben an (Matth. 5,6; Luk. 6,21).

Die Reichen im Geist hatten es nicht nötig gehabt, von sich aus *anzufangen*, den ersten Schritt zu tun; das ist der neue Weg der «Armen» im Geiste (Matth. 7,7ff; Luk. 11,9ff.): «Bittet, so wird euch aufgetan.» Das heißt: Warte nicht, fang an.

Die Kraft, aus der Armut, aus dem von oben getrennten Alltagsbewusstsein heraus anzufangen, wird dem Menschen durch die Fleischwerdung des Logos möglich. Im abgetrennten Überbewussten der Seele ist ja der Logos zwar anwesend, aber für das Alltagsbewusstsein unerreichbar. Als sich die Kluft zwischen Himmel und Erde zu vertiefen und in die Breite zu wachsen begann, hat sich das Logos-Wesen mit dem Menschenrepräsentanten in der Jordantaufe[15] vereinigt. «Fleischwerdung» heißt diese Vereinigung, weil «Fleisch» den Teil der Seele bedeutet, wo der Mensch am Gefühl des Fleisches hängt und darin seine Egoität als sein Ich empfindet. Nun ruht auch in diesem Bereich unter der Asche der Alltäglichkeit ein Logosfunke und kann zum Aufflammen gebracht werden. Damit hängt die Wandlung und Erneuerung des Heiligen Geistes (Tit. 3,5) zusammen. Dieses individuelle Aufflammen wird vom Herrn versprochen (Joh. 14,16 und 26; 15,26; 16,7 und 13) und schon im Alten Testament angekündigt (Joel 3,1; Jes. 44,3; 54,13; 59,21; Jer. 31,1; 31,31) – es ist der neue Geist der Wahrheit, wie ihn das erste Mal Johannes nennt.

Die Armen im Geist sind die modernen Menschen. Sie haben die Möglichkeit, den individuellen Heiligen Geist zu entfachen – früher im Alten Testament «Gottes Geist» im nichtindividuellen Sinne genannt. Die neue Bezeichnung «Geist der Wahrheit» deutet auf das Geheimnis der Unverborgenheit (Wahrheit heißt griechisch *aletheia* = Unverborgenheit) und Durchsichtigkeit und wird zusammengefasst durch das Wort (1. Joh. 5,6): «Der Geist ist die Wahrheit.»[16]

Nicht ein jeder ist zur Zeit Christi geeignet, das Königtum Gottes zu «erben». Die Eignung hängt nicht mit der geistigen Größe des Menschen zusammen. So wird im Hinblick auf Johannes den Täufer gesagt: «Unter allen, die von Weibern geboren sind, ist nicht aufgekommen, der größer sei denn Johannes der Täufer; der aber der Kleinste ist im Königtum der Himmel, ist größer denn er» (Matth. 11,11).

Man kann sich fragen, warum der Täufer, der erste Zeuge und wissende Wegbereiter des Christus, nicht Christ geworden ist, das heißt dem Herrn nicht nachgefolgt ist. Die Antwort kann kurz gefasst werden: Er war reich. Er gehörte nicht zu den Armen im Geist, auch die Geschichte seiner Geburt (Luk. 1-2) weist darauf hin. Der reiche Jüngling scheint zunächst dasselbe Hindernis zu haben (Matth. 19,16ff.; Mark. 10,17ff.; Luk. 18,18ff.).

Der Logos ist in die Niederungen der Erde (Palästina), der Menschen (Arme, Kranke, Sünder) und des Einzelnen (ins «Fleisch») gekommen und vor allem, auch zusammenfassend: zu den Armen im Geist.

Wer da hat …

Im scheinbaren Widerspruch zu der Armut, in der man nicht und nichts hat, kann man nach den Texten der Synoptiker auf eine gewisse Weise haben, etwas haben, zu dem noch hinzugegeben wird. Die Evangelien sprechen von einem Gegebenwerden, das sich auf den inneren Kreis bezieht: «Euch ist gegeben» – zu verstehen nämlich, und diese Gegebenheit ist sehr zart und eigentlich nur in der Anwesenheit und Ausstrahlung des Logosträgers mehr oder weniger wirksam. In der engen (Matth. 13,11-12) oder weiteren (Mark. 4,11 und 25; Luk. 8,10 und 18) Umgebung der Aussage, dass es den Jüngern gegeben sei, die Geheimnisse des Königtums zu verstehen, findet sich – wenigstens im Kapitel des Säemann-Gleichnisses – die «ungerecht» klingende Aussage: «Denn wer da hat, dem wird gegeben, dass er im Überfluss habe, wer aber nicht hat, von dem wird auch genommen, was er hat» (Matth. 13,12). Ein wenig davon abweichend lesen wir bei Lukas (8,18): «So sehet darauf, wie ihr zuhöret; denn wer da hat, dem wird gegeben; wer aber nicht hat; von dem wird genommen auch das, was er meint zu haben.»

Die Worte «wer hat» beziehen sich offensichtlich auf eine Fähigkeit – explizit wird dieses Haben nie erklärt –, und die Fähigkeit wächst durch ihre Ausübung. Es muss das eine neue Fähigkeit sein; «euch ist gegeben» will heißen: «durch mich, durch meine Anwesenheit» oder durch den vom Säemann gesäten Samen selbst, der auf guten Boden fällt und vielfach Früchte bringt. Das ist der Sinn von «Wer hat». Fällt der Samen in einem Menschen nicht auf gutes Land, so wird der Betreffende «nicht haben», nämlich nicht die neue Fähigkeit, die unter anderem im Verstehen des Säemann-Gleichnisses ausgeübt wird, und was er meint zu haben, wird verloren gehen. So ist das Bild des Säemannes selbst ein Paradoxon – wie alles, was sich um das Ich begibt; das Bild kann die Fähigkeit entfachen, wodurch es verständlich wird, und durch das Verstehen selbst «wird gegeben», kommt das Entfachen: Alles hängt vom Boden, vom Ich ab, das mit einer Gebärde von sich aus geboren wird – oder auch nicht. Dann geht auch das, was der Mensch «meint zu haben» – eine ganz andersartige Gegebenheit – verloren; das ist der hinschwindende *Reichtum* eines untergehenden Bewusstseinszeitalters, dessen Rest vielleicht noch in den Seelen zu finden ist. Mit dieser alten Fähigkeit – man kann sie das alte Hellsehen oder das alte imaginative Verstehen nennen – ist das Gleichnisbild des Säemanns nicht zu verstehen, weil dieses Bild von einem Fruchten von unten – vom Boden – hinauf spricht, wobei der aufnehmende Boden die entscheidende Rolle spielt. Wer das Bild in sich zu verwirklichen vermag, in dem wird es fruchten; für die alte, mitgebrachte Fähigkeit braucht man sich nicht von unten her, vom Alltagsbewusstsein aus unter Anstrengung zu wandeln, da ist keine Ich-Aktivität notwendig, im Gegenteil. So kann sich das alte Bewusstsein nicht wiedererkennen im Säemann-Bild, weil es mit ihm nicht zusammengehen, identisch werden kann. Daher ist auch die neue Gegebenheit so zart und schwankend, selbst bei dem inneren Kreis, dem sie «gegeben wurde», je nachdem, wie die Hörer der Höhenrede oder der Gleichnisse abwechselnd zum guten oder schlechten Boden werden.

Durch die Versenkung in die Bilder oder in die Sätze (bei Höhenreden) werden diese in dem Sich-Versenkenden verwirklicht: «So sehet darauf, wie ihr zuhöret». Dieses «Wie» ist maßgebend zu jeder Zeit – auch heute.

Der «ungerechte» Satz kommt im Neuen Testament noch in den zwei verwandten Gleichnissen von den anvertrauten Zentnern (Matth. 25,14-29) und den anvertrauten Pfunden (Luk. 19,12-27) vor. Die Knechte verdienen mit dem ihnen Anvertrauten weiteres Geld, mit Ausnahme des einen, der versucht, das Anvertraute bloß aufzubewahren. Diesem sagt dann sein Herr: «Denn wer da hat, dem wird gegeben werden, und er wird im Überfluss haben; wer aber nicht hat, dem wird auch das, was er hat, genommen werden. Und den unnützen Knecht werft in die Finsternis hinaus; da wird sein Heulen und Zähneklappern» (Matth. 25,29-30).

In diesen Gleichnissen – wie auch in vielen anderen (siehe das Kapitel «Die Wandlungen der Gleichnisse») – spielt das Fruchten die Hauptrolle. Es wird betont, dass die Vermehrung oder das Wachsen nicht von selbst, sondern durch die Tätigkeit des Menschen erfolgt. Der unnütze Knecht tut eben nichts, er will das Gegebene aufbewahren, was aber mit *dieser* Ware nicht möglich ist: Entweder wächst sie durch die Arbeit des Menschen oder sie wird weggenommen. Der Begriff der Charis ist damit verbunden.[17]

Dabei klingt ein weiteres Motiv in der Umgebung des Sämann-Bildes auf: das des Verbergens und der Unverborgenheit. Die unnützen Knechte verbergen das Bekommene: der eine vergräbt es in die Erde («und verbarg seines Herrn Geld» Matth. 25,18); der andere in sein Schweißtuch (Luk. 19,20). Das Verborgene bringt nichts. Des Menschen Art aber ist das Überfließen, und was überfließt, wie die Liebe – die nicht abnimmt, sondern wächst, wenn man sie schenkt, ähnlich der Aufmerksamkeit –, das geht in die Unverborgenheit. Dieses ist eben das griechische Wort für die Wahrheit.[18]

Unverborgenheit

Die Art des Ich ist das Überfließen, es hat einen Überfluss an Kräften – und dieser kann noch wachsen –, während den Naturwesen die Kräfte im rechten Maße gegeben sind. Das ist die Begnadetheit und der Fluch des Menschen, sein Risiko. Denn der Überfluss wird zur Gefahr, wenn der Mensch seine Kräfte nicht *schöpferisch* zur Hervorbringung des Neuen gebraucht. *Das* wäre das Gesunde für ihn. Werden die schöpferischen Kräfte in der rechten Weise verwendet, dann entsteht Sinn, Bedeutung, das Wunder des Neuen; nichts anderes kann in der Logoswelt geschaffen werden als Sinn; Götter und Menschen, wenn sie in der Schöpfung stehen, können nur Bedeutung und ihre Zeichen, wie die sinnlich wahrnehmbare Seite der Natur, zur Welt bringen. Was aus der Verborgenheit, aus dem Nichtsein ins Licht tritt, heißt in der Sprache des Johannes (und zum großen Teil in der Theologie-Philosophie des Mittelalters) *Wahrheit*, Aletheia, Unverborgenheit.

Im Umfeld des Satzes «Wer da hat ...» findet sich bei den Synoptikern ein anderes Motiv, das über den Prozess des Offenbarwerdens spricht. Bei Markus (4,22) klingt es wie folgt: «Denn es ist nichts verborgen, wenn nicht, damit es offenbar werde, und nichts ist verheimlicht, außer damit es in Sichtbarkeit trete.» Ähnlich ist es bei Lukas (8,17) zu lesen, während es bei Matthäus durch ein Psalmzitat (Ps. 78,2) wiedergegeben wird (Matth. 13,35) neben Vers 10,26, der ebenso wie bei den anderen Synoptikern lautet. Das schon oben (S. 39) angeführte Psalmzitat wird im Evangelium gegenüber dem ursprünglichen Text leicht verändert: «Von Anfang der Welt» heißt nach der Septuaginta: *problemata ap' arches* – die Aufträge von Anfang an. Das Evangelium betont, dass es um etwas Verborgenes geht.

Zunächst wissen wir nicht, was sich aus der Verborgenheit an das Licht emporarbeitet; wo die obigen Sätze noch vorkommen (Matth. 10,26 und Luk. 12,2), setzt sich der Text in diesem Sinn fort: «Was ich euch sage in der Finsternis, das redet im Licht; und was ihr hört in das Ohr, das predigt auf den Dächern.» Was früher Geheimnis war, soll laut verkündet werden. Dieses Geheimnis hängt mit dem zusammen, was unter dem «Wer hat, dem wird gegeben» zu verstehen ist, dem menschlichen Ich-Wesen. Nun war das Ich-Wort im Judentum ein verborgenes Wort, der unaussprechliche Name Gottes*, der mit der Fleischwerdung beginnen konnte *im rechten Sinne*, das heißt im Sinne des Königtums, im Gegensatz zum Egoistischen, ausgesprochen zu werden. Aus dem «Ich bin der Ich bin» des Alten Testaments wird das Ich-bin-Wort des Herrn dann, als Möglichkeit, allen Menschen zuteil.

Mit dem In-die-Welt-Treten des wahren menschlichen Ich durch das Tor der Bewusstseinsseele verändert sich die Welt und das Verhältnis des bisher Verborgenen zum Licht der Welt. Denn indem die Bewusstseinsseele auf sich, auf die eigene und auf die menschheitliche Vergangenheit reflektieren kann, rückt vieles ans Tageslicht, was in der Verborgenheit lag. Auch der Weg zur Bewusstseinsseele selbst; denn was vorher im Bewusstsein geschehen ist, hat außer den Auserwählten niemand gesehen – es war verborgen. Die Vorgänge im Bewusstsein, dieses selber, das Denken, Wahrnehmen, die ganze Welt der Seele war «verborgen», wurde erst durch die Wort-Begriffe der Bewusstseinsseele aus der Dunkelheit des einst geführten Menschengeistes herausgegliedert. Ebenso Begriffe wie «Wirklichkeit», «Wahrheit» – für das naive, nicht reflektierende Bewusstsein gab es diesbezüglich keine Probleme. Das Wort Aletheia** fasst alle diese Unverborgenheiten zusammen.

* Dieser Name wurde nur von den Priestern im Tempel beim Segnen und von den Hohenpriestern an Festtagen ausgesprochen.[19]

** *A-letheia* heißt Nicht-Verborgenheit, Nicht-Vergessenheit, Nicht-Verlorenheit. Im Grunde bedeutet es, dass der Prozess hinter dem Ergebnis, das wirksame Bewusstsein hinter seinen Produkten nicht im Dunkel bleibt.

«Wenn nicht, damit es offenbar werde» – die Satzstruktur deutet noch auf ein Weiteres. Damit Wirklichkeit sei, damit sie entstehe als Wirklichkeit, mit der bewussten Erfahrung ihrer selbst zusammenfallend, musste erst die Verborgenheit des Bewusstseins aufhören, sonst blieben selbst die Begriffe im Dunkeln, sie mussten bemerkt, gesehen – «Idee» bedeutet «Gesehenes» – werden, damit sie bewusst dem Gegebenen hinzugefügt, dieses neu konstituieren können. Die verborgenen Ideen streben «seufzend» wie die Naturwesen ans Licht. Dazu musste das Bewusstsein zum Selbstbewusstsein – dem Wunder der Wunder – aufwachen. Das Licht der Fleischwerdung, die doppelte Anwesenheit des Logos im Menschen ist die Möglichkeit der Unverborgenheit überhaupt. Diese Anwesenheit ist die erste Aletheia. Das alles konnte nicht *gegeben* werden, sonst würde es nicht durch die freie Aktivität des Menschen zustande kommen können, und deshalb musste es verborgen bleiben bis zur Vollendung der Zeiten – in der Zukunft.

Zu dieser Zukunft wurde der Keim gelegt dadurch, dass ein Gotteswesen durch das extreme menschliche Schicksal ging. Das Weitere liegt am Menschen und dem Mysterium der Mehrzahl (s. oben S. 45f.). Mit alldem wird auch der Werdegang der früheren Auserwählten offenbar, tritt aus der Verborgenheit ans Tageslicht.[20]

Dass das Verborgene ans Licht kommt und nur deswegen verborgen war, wird zunächst in der Form der Höhenrede ausgesprochen. In der Umgebung des Säemann-Gleichnisses findet sich ein Bild zum selben Motiv, das auch an anderen Stellen der Texte auftritt. So heißt es: «Zündet man auch ein Licht an, dass man's unter einen Scheffel oder unter einen Tisch setze? Mitnichten, sondern dass man's auf einen Leuchter setze» (Mark. 4,21; Luk. 8,16). Das Bild deutet auf die

Lichtnatur des zunächst Verborgenen, auf den Logoskeim im Menschen, der ein Lichtkeim ist, so wie diese Worte – Wort und Licht – im Prolog des Johannes-Evangeliums ineinander übergehen. Das Licht, das im Menschen angezündet ist, bringt alles Verborgene an den Tag, wenn es selbst nicht verborgen bleibt wie der Zentner oder das Pfund beim unnützen Knecht.

Das Geheimnis

Das Mysterion – dies ist das griechische Wort für «Geheimnis» – des Ich, im Judentum veranlagt, war immer und in jeder Kultur in irgendeiner Form anwesend, gekoppelt mit dem Wissen über den Fall – Sündenfall – der Menschheit, als das Wissen über eine künftige Erlösung aus dem Gesunkensein. Bei den Propheten des Alten Testaments kann man diese Kunde finden als die große Verheißung Gottes, dereinst werde die Zeit und ein solches «Volk» kommen,[21] und dies ist eben das «Reich», das im Neuen Testament das Königtum der Himmel oder Gottes genannt wird. Daher ist es wohl verständlich, dass das Wort «Geheimnis» – *mysterion* – in den Evangelien nur dreimal, gerade in den Kapiteln des Sämann-Gleichnisses, auf das Königtum bezogen, vorkommt (Matth. 13,11; Mark. 4,11; Luk. 8,10).

Dazu wird bei Matthäus (13,16-17) und Lukas (10,23-24) hinzugefügt: «Aber selig sind eure Augen, dass sie sehen, und eure Ohren, dass sie hören. Amen ich sage euch: Viele Propheten und Gerechte haben begehrt zu sehen, was ihr sehet, und haben's nicht gesehen, und zu hören, was ihr höret, und haben's nicht gehört.» Die Art und Weise, das Wie der erwarteten Erlösung war verborgen und musste verborgen sein, sonst wäre sie nicht zustande gekommen – man durfte es *vorher* nicht wissen, was sich vorbereitete, man hätte es verhindert.[22] Erst *nachher* wird es – mühsam – verstanden.

Paulus spricht vielfach von diesem jetzt offenbar gewordenen Geheimnis. In seinen Texten ist vor allem das Offenbarwerden betont. So im Römerbrief 16,25: «Dem aber, der euch stärken kann laut meines Evangeliums und der Predigt von Jesu Christo, durch welche das Geheimnis offenbart ist, das von der Welt her verschwiegen gewesen ist.» Im Kolosserbrief (1,26ff.) wird das Geheimnis vielleicht am genauesten charakterisiert: «Nämlich das Geheimnis (das Paulus predigen soll), das verborgen gewesen ist von der Welt her und von den Zeiten her; nun aber ist es offenbart seinen Heiligen» (siehe auch 1. Kor. 2,7 und 1. Petr. 1,10). Fast hymnisch wird vom Geheimnis im Timotheus-Brief (3,16) gesprochen: «Und kündlich groß ist das gottselige Geheimnis: Gott ist offenbart im Fleisch, gerechtfertigt im Geist, erschienen den Engeln, gepredigt den Heiden, geglaubt von der Welt, aufgenommen in die Herrlichkeit.» Im Epheserbrief (3,3ff.) wird, vielleicht im Hinblick auf die dortige Gemeinde, ein besonderer Zug des «Geheimnisses» hervorgehoben: «Dass mir ist kund geworden dieses Geheimnis durch Offenbarung … daran ihr … merken könnt mein Verständnis des Geheimnisses Christi, welches nicht kundgetan ist in den vorigen Zeiten den Menschenkindern, wie es nun offenbart ist seinen heiligen Aposteln und Propheten durch den Geist, nämlich, dass die Heiden Miterben seien und mit eingeleibt und Mitgenossen seiner Verheißung in Christo». Dass das Reich Gottes nicht durch Fleisch und Blut, das heißt nicht durch Abstammung geerbt wird, ist – in Einklang mit Matthäus (8,11) und Lukas (13,29) – im 1. Korintherbrief (6,9) zu lesen.

Das Ich-Wesen ist von der Abstammung unabhängig, es ist ein individuelles Erreichnis und zugleich selbst das Prinzip der Individuation. Sich auf den Stammvater Abraham zu berufen ist unnütz – das wird schon durch Johannes den Täufer ausgesprochen (Matth. 3,9; Luk. 3,8).

Jede große Idee versteht sich selbst in ihrer Verwirklichung, und allein in der Verwirklichung wird sie verstanden – so ist es auch mit dem Geheimnis, und deshalb *ist* es bis in das Christentum hinein Geheimnis, das Reich Gottes muss eintreffen, damit es gesehen und erkannt wird.

In der vorchristlichen Zeit erstreckte sich das «Königtum» nicht auf das Himmelreich. Dieses war verborgen, der Mensch konnte mit seinem Ich-Wesen nicht in dieses Gebiet eindringen, er war nicht heimisch darin. Das neue Königtum bedeutet, dass der Mensch mit seinem Ich, mit seinem regierenden Prinzip, dem Ich-Bewusstsein, in dem Bereich zu Hause sein kann, dessen Betreten früher nur durch das Ablegen des Ich-Bewusstseins geschehen konnte. Das Königtum der Himmel oder Gottes, das *neue Reich*, ist das erweiterte Reich des Ich. Es umfasst, was früher außerhalb des menschlichen Königtums gelegen hatte: den Himmel, die Quelle des menschlichen Geistes. *Königtum* heißt es eben darum, weil das menschliche Ich auch darin König, auch darin mit dem Bewusstsein seiner selbst zu Hause sein kann.

Wie die Kindlein

Das Geheimnis des Königtums wird durch seine Verwirklichung verstanden, und das Verstehen selbst gehört zu seiner Verwirklichung. Dass das Königtum, seine Verwirklichung primär eine innere Gebärde ist, wird – entgegen den Erwartungen der Umgebung (Luk. 17,20 oder 19,11) und selbst der Jünger noch nach der Auferstehung (Apg. 1,6) – durch den Satz bei Lukas (17,21) erhellt: «Denn sehet, das Reich Gottes ist inwendig in euch.» Die innere Gebärde wird als eine Eigenschaft oder Fähigkeit beschrieben, die in den kleinen Kindern zu finden ist. *Ihnen* ist das Geheimnis des Königtums offenbar (Matth. 11,25; Luk. 10,21): «Ich preise dich, Vater und Herr Himmels und der Erde, dass du solches den Weisen und Klugen verborgen hast und hast es den kleinen Kindern offenbart.» Im ersten Korintherbrief (1,26ff.) führt Paulus diesen Gedanken weiter aus: Durch irdische Weisheit, Würde und Macht wird das Königtum nicht verstanden und daher nicht erhalten – das von irdisch Gesinnten Verachtete, die göttliche Torheit ist dafür zuständig. Der Text nähert sich in der Richtung dem an, was mit den Armen im Geiste gemeint ist. Es handelt sich aber zugleich um einen Reichtum, der den Armen, den Toren, den Nicht-Gescheiten zugänglicher ist als den auf Erden Geachteten: das ist der geistige Reichtum der Kinder.

Unter den Jüngern entsteht ein Rangstreit oder eine Frage, wer der größere im Himmelreich sei (Matth. 18,1-9; Mark. 9,33-47; Luk. 9,46-48). Jesus ruft ein Kind zu sich, stellt es mitten unter sie und spricht: «Amen ich sage euch: Es sei denn, dass ihr euch umkehret und werdet wie die Kinder, so werdet ihr nicht ins Königtum der Himmel kommen» (Matth. 18,2-6).

Das Wort «umkehren», griechisch: *straphein*, wird in den Evangelien öfter im Sinn der Änderung der Bewusstseinsebene gebraucht.[23] Hier bedeutet es: Die Kinder haben etwas, was ihr nicht habt, ihr müsst *werden* wie die Kindlein, obwohl ihr keine mehr seid. Die kindliche Fähigkeit, die neu zu gewinnen ist, heißt empfangende Aufmerksamkeit (siehe Kapitel «Das ‹Verstehen› der Gleichnisse»).

Die empfangende («leere») Aufmerksamkeit ist nicht auf ein im voraus gewähltes Thema gerichtet wie die alltägliche, intentionale, sondern *erwartet* etwas Neues und ist die Art und Weise, wie solches im Bewusstsein erscheint. Gewöhnlich ist es beim Erwachsenen nur ein Augenblick, ein Blitzen – die Leerheit, wenn sie wirklich Leerheit ist, wird sofort mit dem Neuen erfüllt. Wenn es sich nicht um eine neue eigene Intuition handelt, kann auch die empfangende Aufmerksamkeit von einem von außen Gegebenen, wie einem Kunstwerk, der Naturschönheit, einem Gesprächspartner (wenn das Gespräch «erquicklicher als das Licht» ist) hervorgerufen werden. Im Blickkontakt müssen beide Partner den empfangenden Blick (im Gegensatz zu dem Augen-Arzt-Blick) praktizieren. Ein typisches Beispiel ist das Erlebnis im Theater, wo der Zuschauer sich selbst, sein im Zuschauerraum sitzendes Wesen, vergisst und sich ganz mit den Rollen auf der Bühne identifiziert.

Beim kleinen Kind herrscht die empfangende Aufmerksamkeit auch deshalb vor, weil für die intentionale schon Begriffe notwendig sind, die das Kind zunächst nicht oder nur in beschränktem Maße hat, und weil ohne Begriff kein Etwas, kein Thema aus der Welt herausgegliedert werden kann. Die empfangende Aufmerksamkeit des Kindes ist eine fühlende und Willen aufnehmende Fähigkeit – das Kind nimmt den Willen der Umwelt fühlend in sich auf: das wird Nachahmung genannt. Dadurch allein vermag das Kind den Sinn und die Bedeutung der ersten Sätze und Worte zu erfahren – ohne diese Fähigkeit bliebe die «Nachahmung» auf der Ebene der sinnlich wahrnehmbaren Zeichen der Sprache, das Kind spräche eigentlich nicht, sondern könnte nur das Gehörte (aber nicht Verstandene) wiedergeben, wie es manche Vögel tun. Dieses Wunder, dass ein Wesen sprechen und daraus denken «lernt», bevor es eine Sprache schon hätte und denken könnte – ein von den Lernprozessen des Erwachsenen völlig verschiedener Vorgang –, zeugt von einer kaum bemerkten und geschätzten Genialität des Kleinkindes, in der alle späteren Lernprozesse und menschlichen Fähigkeiten gründen: nämlich die Sprache und das Denken.[24] Das Kleinkind verfügt in der Zeit des Spracherwerbs über ein Hell-Fühlen – so kann diese Fähigkeit am ehesten genannt werden –, eine Art himmlische Intelligenz, mit der es sich die irdischen Begriffe und die Denkweise durch die Vermittlung der Sprache, durch ihre Worte und ihre Grammatik aneignen kann. Weil sich diese himmlische Intelligenz von der irdischen so weitgehend unterscheidet, wird sie vom Erwachsenen kaum wahrgenommen.

Die empfangende Aufmerksamkeit geht mit dem Alter stufenweise, aber schnell verloren. Das Reich der Himmel aber ist gerade jene Überbrückung des Bewusstseinsabgrundes – der das Alltagsbewusstsein von seinen höheren Quellen trennt –, durch welche dem Menschen der Zugang zum Neuen wieder möglich wird: Jetzt wird die Brücke vom Alltagsbewusstsein her gebaut, nachdem ein anfängliches Ich-Bewusstsein in diesem entstanden ist.

Ist das Bild des Säenden ein Hinweis auf den Vorgang, wie der Keim zum Königtum der Himmel oder Gottes im Menschen entsteht, so kann in der besonderen Fähigkeit der Kleinkinder etwas gesehen werden, das der Erwachsene erringen sollte im Überwinden der irdischen Intelligenz (Weisheit, Klugheit), um die himmlische zurückzugewinnen.

Die besondere, von der des Erwachsenen abweichende geistige Konstitution des Kleinkindes wird bei Matthäus (18,10) genau beschrieben: «Ihre Engel im Himmel schauen allezeit das Angesicht meines Vaters im Himmel.» Das überbewusste

Wesen des Kleinkindes, das noch nicht durch die Vorgänge der Individuation berührt ist, nimmt noch nicht teil am irdischen Schaffen und ist noch nach oben orientiert. Es steht in einer kontinuierlichen direkten Verbindung mit der Quelle des Schicksals, des eigenen und des menschheitlichen. Mit der Zeit wendet sich der «Engel» als Repräsentant der überbewussten geistigen Wesenheit des Menschen nach unten. Wenn die schaffende Tätigkeit auf Erden beginnt,* wird wieder die Richtung nach oben genommen. Dadurch scheint es begründet, wenn die Mahnung (Matth. 18,3) so beginnt: «Es sei denn, dass ihr euch *umkehret* ...»

Wenn aber das Königtum im Schöpfertum des Menschen besteht, in der Fähigkeit, andauernd Neues hervorzubringen, dann ist es völlig begründet, wenn der Herr in der Bergpredigt (Matth. 6,33) oder in der Feldpredigt (Luk. 12,31) sagt: «Trachtet am ersten nach dem Reich Gottes und nach seiner Gerechtigkeit, so wird euch solches alles zufallen.» «Solches alles» ist Essen, Trinken, Kleidung – die Notwendigkeiten des Alltags. Denn wo der Zugang zur Quelle der neuen Ideen gesichert ist, wird auch für den Alltag gesorgt.

Die Wandlungen der Gleichnisse

Die Gleichnisse des Königtums enthalten im großen ganzen drei Motive: das Fruchten, die Auswahl und das Wertvollsein dessen, was das Reich ausmacht, der ichhafte Logosfunken im Menschen. Das Früchtebringen, Zunehmen ist die Grund-

* Siehe im selben Matthäus-Kapitel 18,19: «Wo zwei von euch eins werden *auf Erden* ... es wird ihnen von meinem Vater *im Himmel.*»

eigenschaft des Logos auch in der menschlichen Seele, wie es schon Heraklit dargestellt hat: «Der Seele ist ein Logos eigen, der von sich aus zunimmt.» Das Sich-Vermehren oder Wachsen wird im Bild des Senfkorns (Matth. 13,31ff.; Mark. 4,30ff.; Luk. 13,19), des Sauerteigs (Matth. 13,33; Luk. 13,21) und des Geldes (Matth. 25,14ff.; Luk. 19,11ff.) dargestellt, aber auch in der Speisung der Fünftausend und Viertausend (Matth. 14,17ff.; 15,34ff; Mark. 6,37ff.; 8,1ff.; Luk. 9,13ff.; Joh. 6,1ff.) und natürlich im Gleichnis vom Säemann.

Die Auswahl der in das Königtum Berufenen wird im Bild des guten Samens (Matth. 13,24ff. und 37ff.) beschrieben, wo der Acker dann auch Unkraut treibt. Ginge dem das Motiv des guten und des schlechten Bodens nicht voraus, so könnte das Bild in der Richtung einer Prädestination missverstanden werden; so aber liegt es am Land, ob da Unkraut oder Weizen wächst – und in welchem Verhältnis.

Ähnliche Bilder sind das des Netzes (Matth. 13,47), das allerlei Arten von Fischen fängt; das der zehn Jungfrauen (Matth. 25,1ff.) und auch das der königlichen Hochzeit (Matth. 22,2ff.), zu der jemand unverhofft eingeladen wird und ohne hochzeitliches Kleid kommt, weswegen er in die Finsternis geworfen wird – auch dies ist «ungerecht» im alltäglichen Sinn.

Der einzigartige Wert des Ich-Keims ist im verborgenen Schatz (Matth. 13,14) und der köstlichen Perle (Matth. 13,45f.) abgebildet, um derentwillen es sich lohnt, allen anderen Reichtum zu opfern, alles, was aus früheren Zeiten geblieben ist.

Diese Gleichnisbilder sind selbst Samen, lebende Keime, und deshalb sprießen sie, treiben neue Formen, bringen neue Früchte. Daher ist es lehrreich und bringt uns ihrem Wesen näher, wenn wir ihre Metamorphosen verfolgen, viel eher als obige Hinweise, die zwar richtig sind, aber das imaginative Leben der Parabeln nicht weitergeben.

Eine Linie des Lebens geht von dem Säemann-Bild oder Saatbild aus und mündet bei Markus (4,26) in die Beschreibung des Schicksals vom Keim im guten Land: «Das Reich Gottes hat sich also, als wenn ein Mensch Samen aufs Land wirft und schläft und steht auf Nacht und Tag; und der Same geht auf und wächst, dass er's nicht weiß. Denn die Erde bringt von selbst zum ersten das Gras, danach die Ähren, danach den vollen Weizen in den Ähren. Wenn sie aber die Frucht gebracht hat, so schickt er bald die Sichel hin; denn die Ernte ist da.» Das Gedeihen und Wachsen des Funkens erfolgt oberhalb des Alltagsbewusstseins, und nur die Frucht wird bewusst. Diese Frucht lebt und vermehrt sich weiter in der Speisung der Fünftausend und Viertausend (siehe oben S. 64f.), um dann im Abendmahl ihre höchste Bedeutung zu offenbaren. Im Johannes-Evangelium werden noch die Zwischenstufen sichtbar (siehe unten S. 75).

Im Abendmahl erreicht auch ein anderes Motiv seinen eigentlichen Sinn: Gleichnisse, die mit dem Weinberg, Weingarten, Weinstock und Wein zu tun haben. So die Geschichte der Arbeiter, die alle den gleichen Lohn erhalten, unabhängig davon, wie lange sie gearbeitet haben (Matth. 20,1ff.). «Also werden die Letzten die Ersten ...» (Matth. 19,30; 20,16; Mark. 10,31; Luk. 13,30). Dieser Satz kennzeichnet im ganzen die Orientierung des Neuen Testaments. Es wendet sich in jeder Hinsicht an die Armen im Geist, an diejenigen, denen die geistige Führung von oben her verloren gegangen ist, die das Neue am ehesten empfangen können, weil nichts Altes in ihnen dem im Wege steht. Bei Matthäus (21,28) folgt das zweite Bild vom Weinberg – zwei Söhne sollen darin arbeiten; es ist belanglos, was sie *sagen*, es zählt nur, was sie *tun*. Fast unmittelbar darauf erblickt der Leser das dritte Bild (Matth. 21,33ff.), wonach die Arbeiter im Weinberg die Früchte nicht liefern und sogar den Erben töten (auch bei Mark. 12,1ff. und Luk. 20,9ff.). Das Bild des Weinstocks wandelt sich durch manche Stufen (Joh. 15,1ff.) schließlich zum Wein des Abendmahls. An die Hochzeit zu Kana – Wasser wird zu Wein – klingen weitere Bilder an: die Hochzeit des Königssohnes (Matth. 22,2ff.; Luk. 14,16) sowie die Gestalt des Bräutigams (Matth. 9,15; Mark. 2,19; Luk. 5,34), auch im Gleichnis von den zehn Jungfrauen (Matth. 25,1f.), in den Worten Johannes des Täufers (Joh. 3,29ff.) und bei der Hochzeit des Lammes (Off. 19,7; 21,9).

Das Motiv des Lichtes erfährt auch nicht wenige Wandlungen. Schon in der Bergpredigt heißt es: «Ihr seid das Licht der Welt» (Matth. 5,14). Wir haben gesehen, wie in der Umgebung des Säemann-Motivs (Mark. 4,21; Luk. 8,16) von dem unversteckten Licht die Rede ist, was bei Matthäus (6,22) und Lukas (11,34ff.) zum Licht des Auges weiterführt, bis dann im Johannes-Evangelium das Wort «Licht» zu einem der tragenden Worte wird (siehe das Kapitel «Die Wirklichkeit des Reiches: Johannes»).

Diese und auch andere Motive (zum Beispiel der «Weg», das «Leben») werden von den Synoptikern «im übertragenen Sinne», wie es gewöhnlich heißt, gebraucht, um im Johannes-Evangelium in den mächtigen Ich-bin-Worten ihren Höhepunkt zu erreichen. Der «übertragene» Sinn aber ist in Wirklichkeit in der Urbedeutung der Worte enthalten und steht dieser sogar meistens näher, sonst könnte man die «Übertragung» – auch ohne Erklärung – nicht verstehen. Im Gegenteil: Der alltägliche Sinn der Worte wird durch diese Wandlungen geheiligt, gewinnt die sakrale Bedeutung zurück, welche die Dinge in der Morgenröte der Menschheit noch an sich trugen.[25]

Durchsichtigkeit

Die erkenntnistheoretische Naivität, die heute unrechtmäßig wiedergeboren, das Weltbild der Menschheit beherrscht, hat auch im Grunde des Irrtums gewirkt, welcher in das Inkognito des Herrn hereingeflochten war, dass nämlich die Erwartung des Messias sich ganz äußerlich gestaltete: Man erwartete und hoffte auf ein äußeres neues Reich, eine äußere Veränderung der Welt, der Umstände, des Lebens. Das Königtum des Logos kennt aber keine nur von außen gegebene Wirklichkeit; von außen, durch die Sinneswahrnehmung, können nur Zeichen gegeben werden, deren Sinn oder Bedeutung sich nunmehr – im Zeitalter der Fleischwerdung und von da an – allein dem menschlichen Bewusstseinsstreben offenbart. Und *alles* ist als Zeichen aufzufassen. Wird etwas als *Ding*, das heißt Unlesbares gesehen, dann ist dies gerade ein Zeichen, dass die menschliche Gebärde verschmäht wird oder unzulänglich ist. Denn auch dem zunächst des Sinns Entbehrenden sollte der Mensch Sinn geben. Daher heißt es bei Lukas (17,21): «Das Königtum Gottes ist inwendig in euch.» Der erwähnte Irrtum wird im Neuen Testament mehrfach angedeutet (Luk. 19,11; Joh. 12,34; Apg. 1,6).

Deshalb kann das Offenbarwerden der Geheimnisse, *des Geheimnisses* nicht einseitig, nicht nur durch das Verändern der Zeichen geschehen. Das ganze Neue Testament steht ja im Zeichen der Aletheia, der Unverborgenheit, das Ent-Hüllen kann jedoch nicht ohne die Wandlung der menschlichen Fähigkeiten vor sich gehen. Das ist die Aufgabe des Menschen, als Erwachsener die empfangende Aufmerksamkeit des Kindes zu entwickeln, ohne das Ich-bin-Prinzip zu verlieren, im Gegenteil: Das Königtum bedeutet, dass die erneuerte Fähigkeit des Empfangens der oberen Botschaften gerade durch die Individualisierung der bisher überbewussten Logoskräfte, durch die entstehende höhere Ichhaftigkeit vor sich geht.

Ist die sinnlich wahrnehmbare Welt auf dem Weg der Schöpfung – Heraklit nennt das den «Weg» – durch eine Verdichtung des Feuers durch Luft und Wasser bis zur Erde geworden, so bedeutet das eine «Verdichtung» des Logos in seine Zeichen, ein Gedicht, ein Lesbares, und des Menschen Wahrheit ist und wird, wenn er lernt, diese Zeichen zu lesen. Dann wird die Welt und alles Seiende zur Wahrheit, zur Unverborgenheit, wie die mittelalterliche These es vorahnt: *Omne ens verum* – alles Seiende ist *wahr*, das heißt zeigt sich, spricht, sagt sich aus, ist ein Sinnvolles, ein Text. Der Weg der Schöpfung geht von der Bedeutung zu den Zeichen; des Menschen Weg geht von den Zeichen zur Bedeutung. «Gottes Reich steht nicht in Worten, sondern in Kraft» (1. Kor. 4,20). Das Wort «Kraft» – *dýnamis* – aber wird auch – wie das entsprechende Zeitwort *d'ynamai* – im Sinne von *Bedeutung* gebraucht: Die Bedeutung eines Wortzeichens (Wortzeichen wird eigentlich im obigen Zitat gemeint unter «Wort») ist seine «Kraft» – *d'ynamis*, welche das Zeichen samt der Bedeutung hervorbringt. In diesem Sinne ist das Reich Gottes eine Welt der Bedeutungen oder eine Welt der Logoskraft, Schöpfungskraft, die die Bedeutungen und die Zeichen schafft. «Amen ich sage euch: Es stehen etliche hier, die werden den Tod nicht schmecken, bis dass sie sehen das Reich Gottes mit *d'ynamis* kommen» (Mark. 9,1; siehe auch 1. Thess. 1,5).

Dass seine Bedeutung gelesen wird, macht das Zeichen durchsichtig – da bleibt nichts mehr verborgen: So kommen wir erst zur richtigen Idee der Wahrheit, der Unverborgenheit. Was einst oder für den Nichtlesenden verborgen war, wird durch Lesen enthüllt: Das ist ein Zusammenwirken der Zeichen und des Menschen.

Das Ich-Bin, das auch vor dem Zeitalter des Ich-Bewusstseins der nichtbewusste Weg des Menschen war zum Gottes-Königtum, nur ungeahnt, verborgen, wird nun selber Wahrheit, ist nicht mehr verborgen und ist zugleich Leben, ein Leben nämlich, das im Sinne der Wahrheit nur als *erlebtes* Leben ist, erfahren mit Bewusstsein, wie eigentlich alles. Wer nicht versteht, was «Haus» ist, für den gibt es kein Haus.

Die Art der Meditation ist, dass die Zeichen – der Satz, das Symbolbild, ein Stück Natur – durchsichtig werden im Feuer der logoshaften Aufmerksamkeit des Menschen und ihre tiefere Bedeutung, ihre *dýnamis* enthüllen. Das setzt empfangende Aufmerksamkeit voraus. Für diese wäre die Welt als Meditationsthema durchsichtig, ihren Sinn, die Dynamis, durch welche sie geschaffen wurde, offenbarend. Die durchsichtige Welt – die Stadt – ist das Neue Jerusalem der Apokalypse: «Und die zwölf Tore waren zwölf Perlen, und ein jeglich Tor war von einer Perle; und die Gassen der Stadt waren lauteres Gold wie ein durchscheinend Glas» (Off. 21,21).

Das Denken ist durchsichtig für sich und vor sich selbst, und die Bewusstseinsseele erfährt das. Die Wirklichkeit *wird* durch die Gebärde des Bewusstseins – für das naive Bewusstsein besteht keine Frage im Hinblick auf die Wirklichkeit. Mit dem wahrgenommenen Beitrag des Bewusstseins zur Wirklichkeit beginnt die geschaffene Welt durchsichtig zu werden, indem das Bewusstsein seine eigene Rolle darin entdeckt. Mit dem vollen Lesen würde die Unverborgenheit, die Wahrheit einziehen in die Welt. Das wäre das Königtum, das durchsichtige Neue Jerusalem.

«Dein Reich komme» – so lautet der diesbezügliche Satz im Gebet des Christen über das Königtum. Im Gebet folgt dann: «Dein Wille geschehe» – dies aber ist oder sollte mein Wille sein. Und auf diesen meinen Willen kommt es an, wenn es hier auf Erden sein soll wie im Himmel. Der Feigenbaum wird keine Früchte mehr bringen (Matth. 21,19; Mark. 11,14), und der Sohn des Menschen wird in die Hände der Menschen oder gar der Sünder gegeben (Matth. 17,22, 26,45; Mark. 9,31; 14,41; Luk. 9,44; 24,7). Die Verantwortung ist nunmehr beim Menschen – den ersten Schritt müsste *er* tun, und dazu, zum Urbeginn, wurde ihm die Möglichkeit durch die Fleischwerdung eingepflanzt.

All dies aber bedeutet, dass die göttlich-menschliche Geschichte jetzt aus den Händen der führenden Göttermächte in das Risiko der menschlichen Seele übergeht. Und das Wappenbild der fundamentalen Lehre des Königtums, der Säemann, zeigt mit seiner Gebärde dieses Eingehen auf das Risiko. Er lässt den Samen aus seiner Hand fallen, legt nicht, einem Gärtner gleich, die Körner einzeln in einen guten Boden, sondern wirft sie. Sie fallen drei zu eins auf schlechten Boden. Dreifach übertrifft die Wahrscheinlichkeit des Verlorengehens die des Wurzelfassens und Fruchtens. Wir fühlen und erfahren alle in uns das schlechte Land, wo die Saat nicht gedeiht, und nur manchmal finden wir in unserem Herzen die Stelle, wo das Wort einwurzelt, und der Logossamen zu wachsen beginnt.

Die Gottheit geht damit auch für sich ein Risiko ein, denn die göttliche Substanz des Logos ist ja nun ausgesät in das schwache, fehlbare Menschenherz. Das geschieht offensichtlich zum ersten Mal in der Geschichte dieser Welt. Die

Menschen sind sich dessen selten bewusst. Angelus Silesius schreibt in auffallender Weise im *Cherubinischen Wandersmann* (Erstes Buch 8): «Ich weiß, dass ohne mich Gott nicht ein Nu kann leben, werd' ich zu nicht, er muss von Not den Geist aufgeben.»

Rudolf Steiner spricht einmal in einem Vortrag von einer «Religion» der göttlichen Wesenheiten. Das ist das Ideal des Menschen, das zu schaffen die verschiedenen geistigen Wesenheiten der Hierarchien ihre Kräfte zusammenwirken ließen. «Den Göttern schwebte als das Ziel ihrer Schöpfung das Menschenideal vor, und zwar jenes Menschenideal, welches wirklich sich nicht so auslebt, wie jetzt der physische Mensch ist, sondern so, wie höchstens menschliches Seelengeistesleben in den vollkommen ausgebildeten Anlagen dieses physischen Menschen sich ausleben könnte.»[26]

In dieser «Religion» der Götter ist auch das Risiko verborgen, das die geistigen Wesenheiten eingegangen sind. Dasselbe Motiv erscheint wieder in der «Sorge» Michaels: «Man kann Michael voll Sorge schauen, ob er auch in der Lage sei, den ‹Drachen› auf die Dauer zu bekämpfen, wenn er wahrnimmt, wie die Menschen auf dem einen Gebiete aus dem neugewonnenen Naturbilde ein solches des Menschen gewinnen wollen … Ob denn nicht etwa die Illusionskraft in den Menschen dem ‹Drachen› soviel Macht geben werde, dass ihm – Michael – die Aufrechterhaltung des Gleichgewichts eine Unmöglichkeit sein werde … Dass Luzifer in dem Schwanken der kosmisch-geistigen Gleichgewichtslage die Obermacht gewinnen könne, das ist die andere bange Sorge in dem Leben Michaels.»[27]

In Martin Bubers Dialog-Werk *Daniel* wird sowohl das Menschenideal als Götterziel wie auch zugleich der Wagnis-Charakter des Reiches Gottes gleichsam im Konzentrat dargestellt: «Denn Gott will verwirklicht werden, und alle Wirklichkeit ist Gottes Wirklichkeit, und es gibt keine Wirklichkeit als durch den Menschen, der sich und alles Sein verwirklicht. Dieses ist das Reich Gottes, das Reich der Gefahr und des Wagnisses, des ewigen Beginnens und des ewigen Werdens, des aufgetanen Geistes und der tiefen Verwirklichung, das Reich der heiligen Unsicherheit.»[28]

Im Neuen Testament wird das Königtum in Gleichnissen und Höhenreden beschrieben. Wir finden diese unterschiedlich verteilt, wenn wir das vierte Evangelium mit den Synoptikern vergleichen. Bei letzteren überwiegen die Bilder als Mittel der Mitteilung, bei Johannes die meditativen Texte. Es gibt auch in seinem Evangelium Gleichnisse, aber sie werden anders bezeichnet als bei den Synoptikern: im Johannes-Evangelium ist von «Sprichwörtern» die Rede, wofür das griechische Wort *paroimía* steht, während Gleichnis oder Gleichnisrede *parabolé* heißt. So hebt Johannes (10,6) nach dem Bild des guten Hirten an: «Dieses Sprichwort sagte Jesus»; 16,25 lautet: «Solches habe ich euch durch Sprichwörter geredet»; und 16,29: «Siehe, nun redest du frei heraus und sagst kein Sprichwort.» Bei Johannes kommt das Wort *parabolé* gar nicht vor, während die Synoptiker das Wort *paroimía* nie gebrauchen. Beide Worte beginnen mit der Präposition *pará*, deren Grundbedeutung «neben» ist. Zur *parabolé* finden wir im Wörterbuch: Nebeneinander- oder Zusammenstellen, Gleichnis, Zusammentreffen, Abweichen vom rechten Wege, Krümmung. *Parábolos*, das Adjektiv aus demselben Verb *parabállo*, hat die Bedeutung: verwegen, tollkühn, gewagt, gefährlich. *Paroimía* kommt aus *pará* und *oímos* = Weg, Bahn, Streifen; *par-oimos* heißt: «vom gewöhnlichen Weg abweichend». Es fällt auf, dass beide Ausdrücke die Gebärde des Säemanns abbilden. Daher kann sein Bild als das Gleichnis der Gleichnisse gelten und die anderen Gleichnisse als die Samen. Das Göttliche entäußert sich seiner göttlichen Sicherheit und *verpflanzt* damit – durch den göttlichen Samen – das Menschenideal auf die Erde, bringt es in «diese Welt». Die Gottheit kostet das Menschenschicksal bis an die Grenzen aus. Die Göttersubstanz wird in der Fleischwerdung zum zweiten Mal vermenschlicht. Das gibt dem Menschen die Möglichkeit, das Königtum zu verwirklichen. Aber das Schicksal der Welt, auch der Götterwelt, ist nun ihm ausgeliefert. Denn die Bewusstseinsseele kann nur in Freiheit weiterschaffen, es kann nichts mehr erzwungen werden. Eine Geschichte aber ohne Risiko wäre offensichtlich für die Teilnehmer wie die Zuschauer eine langweilige Geschichte.

Die Wirklichkeit des Reiches: Johannes

Im Evangelium des Johannes ist das Bild des Säemannes nicht zu finden. Was dieses Bild sagt, wird in Worten zur Aussage am Ende des Prologs: «Und der Logos ward Fleisch.» Im vorangehenden Vers wird das Auswahlprinzip – des guten Bodens – dargestellt. «Welche nicht von dem Geblüt noch von dem Willen des Fleisches noch von dem Willen des Mannes, sondern von Gott geboren sind» (Joh. 1,13). Der Samen ist der Logos selbst, das Wort, das in das menschliche Herz, auch in das sündige, fällt. Es ist auch keine Rede vom Königtum, außer im nächtlichen Gespräch des Herrn mit Nikodemus, der aus seinem Nicht-Verstehen – aber Verstehen-Wollen – heraus Fragen stellt. In diesem Evangelium wird auch nicht das Herannahen des Königtums verkündet, sondern das Reich wird im Text selbst als anwesend dargestellt: Die Worte sind aus *dem* Wort hervorgesprossen und bilden weitere Keime in der Seele dessen, der den Text vernimmt.

Die Anwesenheit des Reiches erhellt aus den diesbezüglichen unmittelbaren Aussagen, wie zum Beispiel: «Aber es kommt die Zeit und ist schon jetzt» (4,23) oder: «Amen, Amen ich sage euch: Es kommt die Stunde und ist schon jetzt» (5,25). Dieselbe Einstellung wird bekräftigt durch den wiederholten Gebrauch des Wortes *ménein* – das heißt «bleiben» oder «wohnen»; so: «Wer mein Fleisch isset und trinket mein Blut, der bleibt in mir und ich in ihm» (6,56); oder: «Bleibet in mir und ich in euch. Gleichwie die Rebe kann keine Frucht bringen von ihr selber, sie bleibe denn am Weinstock, also auch ihr nicht, ihr bleibet denn bei mir» (15,4).*

Das Wort «bleiben» – ein echt johanneisches Wort, von ihm mit Vorliebe und viel öfter als von den anderen Evangelisten verwendet – enthält das Geheimnis des Königtums. Denn was im empfangenden Bewusstsein wie blitzartig, für einen Augenblick aufleuchtet, ein neues Verstehen, eine neue Idee jeglicher Art, in *dem* zu bleiben bedeutet das Andauern der empfangenden schöpferischen Aufmerksamkeit, wodurch das Königtum Gottes durch den Menschen in die Wirklichkeit gerückt wird, entsteht und besteht: Das Hier-und-Jetzt der andauernden Geistesgegenwart.[29]

Ähnlich wird das Wort *térein* – «halten» – verwendet, im Sinne von: den Logos bewahren. Zum Beispiel: «Amen, Amen ich sage euch: So jemand mein Wort wird bewahren, der wird den Tod nicht sehen ewiglich» (8,51); oder: «Wer mich liebt,

* Siehe auch die Stellen 15,5-7; 8,35; 14,10 und 17; sowie im ersten Brief des Johannes Kap. 2, Vers 10,14,17,24; Kap. 4, Vers 12-16.

der wird mein Wort bewahren» (14,23).* Das Wort *térein* bedeutet bei Johannes weniger ein «Einhalten» oder «Genügetun», als «Schützen», «Retten», «Folgen» in dem Sinne, dass man dem Wort oder Gebot dem Geiste nach folgt, im aktuellen Fall das entsprechende Wort oder die Tat findet.

Im Johannes-Evangelium finden wir drei verschiedene Arten des Mitteilens dessen, was auf direkte Weise, informativ nicht vermittelt werden kann: die Höhenrede, die metaphorische Rede und das metaphorische Tun. Diese Mitteilungsarten sind nicht scharf voneinander getrennt, sie gehen oft ineinander über.

Höhenrede finden wir im Prolog, im ganzen 1. Kapitel, auch der Täufer spricht auf diese Weise. Die Abschiedskapitel 14, 16 und 17 sind fast ausschließlich in dieser Sprache gehalten. Metaphorische Rede kommt vielfach vor, so zum Beispiel im 4. Kapitel am Brunnen Jakobs das Gespräch mit der Samaritanerin über das Wasser des Lebens (4,13-14), dessen Motiv im 7. Kapitel (37-38) wiederkehrt. Dazu gehören auch die «Fachausdrücke», wie «der wahre Israelit» und das «Sitzen unter dem Feigenbaum» im Gespräch des Herrn mit Nathanael (1,48-51). Im 6. Kapitel, das mit der Speisung der Fünftausend beginnt, geht die metaphorische Tat in eine metaphorische Rede vom Brot des Lebens über. Ähnlich geschieht es im 8. Kapitel (von der Ehebrecherin) und im 9. Kapitel (vom Blindgeborenen).

Es ist ein gemeinsamer Zug der Bilder, Metaphern und Höhenreden im Johannes-Evangelium, dass sie, mehrere Stufen durchschreitend, in die Ich-bin-Worte einmünden. So geht das Bild des Samens, der das Wort ist, in das der

* Siehe auch: 15,20; 17,6; im ersten Brief 2,5; wie auch die «Gebote» 14,15 und 21; 1. Joh. 2,3 und 3,22.

Ernte und der Schnitter über, während der Text zwischen Himmel und Erde schwebt: «Saget ihr nicht: Es sind noch vier Monate, so kommt die Ernte? Siehe, ich sage euch: Hebet eure Augen auf und sehet in das Feld; denn es ist schon weiß zur Ernte. Und wer da schneidet, der empfängt Lohn und sammelt Frucht zum ewigen Leben, auf dass sich miteinander freuen, der da sät und der da schneidet.» Die Früchte zum ewigen Leben[30] sind die menschlichen Seelen, in denen der Logoskeim aufgeht (wie im Bild des guten Samens bei Matthäus 13,23ff.). Im 5. Kapitel (Vers 24) wird das Wort der Samen des ewigen Lebens genannt: «Amen, Amen ich sage euch: Wer mein Wort hört und glaubt dem, der mich gesandt hat, der hat das ewige Leben und kommt nicht in das Gericht, sondern er ist vom Tode zum Leben hindurchgedrungen.» Im 6. Kapitel wird die Speisung der Fünftausend geschildert, dann folgen die Verse über das himmlische Brot (32,33) mit dem Höhepunkt (35,48): «Ich bin das Brot des Lebens.» In den Versen 54-58 werden die Motive der Eucharistie vorweggenommen: «Wer mein Fleisch isset und trinket mein Blut, der hat das ewige Leben, und ich werde ihn am Jüngsten Tage auferwecken. Denn mein Fleisch ist die wahre Speise, und mein Blut ist der wahre Trank. Wer mein Fleisch isset und trinket mein Blut, der bleibt in mir, und ich in ihm. Wie mich gesandt hat der lebendige Vater und ich lebe um des Vaters willen, also, wer mich isset, der wird auch leben um meinetwillen. Dies ist das Brot, das vom Himmel gekommen ist; nicht, wie eure Väter haben Manna gegessen und sind gestorben. Wer dies Brot isset, der wird leben in Ewigkeit.»

Wie das Brot zum Ich-bin wird, so führt auch das Schicksal der Licht-Worte zu dem zweimal ausgesprochenen «Ich bin das Licht der Welt» (8,12 und 9,5). Das Licht erscheint gleich am Anfang des Prologs, als der das ganze Christentum zusammenfassende Satz: «Das Licht (er)scheint in der Finsternis» (1,5). Im Gespräch mit Nikodemus wird eigentlich dieser Satz auseinandergesetzt: «Das ist aber das Gericht (die Krisis), dass das Licht in die Welt gekommen ist, und die Menschen liebten die Finsternis mehr als das Licht; denn ihre Werke waren böse. Wer Arges tut, der hasst das Licht, auf dass seine Werke nicht gestraft werden. Wer aber die Wahrheit tut, der kommt an das Licht, dass seine Werke offenbar werden; denn sie sind in Gott getan» (3,19-21). Nach der Szene mit der Ehebrecherin erklingt das Ich-bin-Wort zum ersten Mal: «Ich bin das Licht der Welt; wer mir nachfolgt, der wird nicht wandeln in der Finsternis, sondern wird das Licht des Lebens haben» (8,12). Das «Licht des Lebens» ist wie eine Wiedervereinigung, ein Zurück-in-eins-Falten dessen, was sich auseinander entwickelt hat in eine Zweiheit; im Prolog (1,3-4) finden wir: «Was geworden ist, war in ihm Leben und das Leben war das Licht der Menschen.» Eine lebendige Licht-Welt wird wiederhergestellt – so die Andeutung in Vers 8,12. Vor der Auferweckung des Lazarus wird von neuem vom Licht der Welt gesprochen: «Sind nicht des Tages zwölf Stunden? Wer des Tages wandelt, der stößt sich nicht; denn er sieht das Licht der Welt. Wer aber des Nachts wandelt, der stößt sich; denn es ist kein Licht in ihm» (11,9-10). Der letzte Satz malt einen Übergang von der metaphorischen Rede zur Höhenrede. Sowohl die Ehebrecherin, die nach dem Gesetz gesteinigt werden soll, wie auch der Grabstein des Lazarus und die drohende Steinigung des Herrn (11,8) stellen das Weltenlicht in die Spannung von Stein und Licht.[31]

Das erste Mal erklingt die Aussage «Ich bin das Licht der

Welt» nach der Szene mit der Ehebrecherin, das zweite Mal in der Begegnung mit dem Blindgeborenen und bei seiner Heilung. So «einleuchtend» es zu diesem Anlass ist, kann doch im Hinblick auf den ersteren die Frage gestellt werden: Was hat jene Szene mit dem Licht zu tun?

Der Herr wird gefragt, was man mit der Frau tun solle; dem Gesetz nach müsste sie gesteinigt werden (dieses Gesetz wurde zu der Zeit offensichtlich nicht streng befolgt). Er antwortet auf die Frage nicht, sondern sich bückend schreibt er auf die Erde (8,7-11), die auch die Steine ent-hält. «Als sie nun anhielten, ihn zu fragen, richtete er sich auf und sprach zu ihnen: Wer unter euch ohne Sünde ist, der werfe den ersten Stein auf sie. Und bückte sich wieder nieder und schrieb auf die Erde.» Die Ankläger verlassen ihn und die Frau, und Jesus richtet sich auf und spricht: «Weib, wo sind sie, deine Verkläger? Hat dich niemand verdammt?»

Der Herr *schreibt* dem Geschehen Sinn und Bedeutung zu; sich bückend, mit voller Aufmerksamkeit geht er in ein metaphorisches Tun ein, gibt dem irdischen Geschehen des Ehebruchs und der Erde selbst Sinn. Und das wird der Sinn dieses Geschehens, dass auf seine Worte hin, die er aufgerichtet zu ihnen spricht, von Angesicht zu Angesicht, alle Ankläger, «von ihrem Gewissen überführt» abziehen. Dazu hat die ganze Geschichte gedient. Es wird Licht in die Finsternis gegossen; finster ist die Tat der Frau, Finsternis war die Anklage (6): «Das sprachen sie aber, ihn zu versuchen, auf dass sie eine Sache wider ihn hätten» – es ging ihnen gar nicht um die Frau; finster ist zunächst die Erde mit den Steinen. Alle erhalten Licht durch die Worte Jesu und ihre Folgen. Nun erklingt der Satz: «Ich bin das Licht der Welt.»

Was für ein Licht und was für ein Sehen (11,9) wird hier

verkündet? Das wird angedeutet durch die Sätze 9,39-41, die fast wie Zen-Sprüche klingen: «Ich bin zum Gericht auf diese Welt gekommen, auf dass, die da nicht sehen, sehend werden, und die da sehen, blind werden. Und solches hörten etliche der Pharisäer, die bei ihm waren, und sprachen zu ihm: Sind wir denn auch blind? Jesus sprach zu ihnen: Wäret ihr blind, so hättet ihr keine Sünde; nun ihr aber sprecht: Wir sind sehend, bleibt eure Sünde.»

Im 10. Kapitel ist das eine große «Sprichwort» – *paroimía* – zu finden, das mit der Tür im Schafstall beginnt. «Sie» – wahrscheinlich die Menge – verstehen den «Spruch» nicht: «Da sprach Jesus wieder zu ihnen: Amen, Amen ich sage euch: Ich bin die Tür zu den Schafen ... Ich bin die Tür; so jemand durch mich eingeht, der wird erlöst werden und wird ein und ausgehen und Erbteil (Weide) finden» (10,7).* Hier wechselt der Text wieder von der metaphorischen Rede zur Höhenrede über. Im weiteren (11) heißt es: «Ich bin gekommen, dass sie (die Schafe) Leben und Überfluss haben. Ich bin der gute Hirte.»

Wie alle meditativen Texte haben die Ich-bin-Worte mannigfache Bedeutung. Die zwei im 10. Kapitel scheinen unter anderem zu sagen: Das Ich-bin ist alles. Erst wird von der Tür als Objekt gesprochen, dann wird das Ich-bin die Tür zum Heil, und dann wird das Ich-bin derjenige, der durch die Tür tritt, der gute Hirte.**

* Das Wort nomé bedeutet beides: «Weide», wie Luther es übersetzt, aber auch «Teil», «Erbteil», «Geschenktes».

** Die Vorgänge des Bewusstseins, das Nacheinander der wechselnden Bilder erinnert wieder an Zen-Texte, aber auch besonders an einen der «Knoten» *(Knots)* von R. Laing (Harmondsworth: Penguin Books, 1973):

Das andere große Bild im Johannes-Evangelium wird den Jüngern mitgeteilt: «Ich bin der wahre Weinstock, und mein Vater der Weingärtner. Eine jegliche Rebe an mir, die nicht Frucht bringt, wird er wegnehmen; und eine jegliche, die da Frucht bringt, wird er reinigen, dass sie mehr Frucht bringe. Ihr seid schon rein um des Wortes willen, das ich zu euch geredet habe. Bleibet in mir und ich in euch. Gleichwie die Rebe kann keine Frucht bringen von ihr selber, sie bleibe denn am Weinstock, also auch ihr nicht, ihr bleibet denn in mir. Ich bin der Weinstock, ihr seid die Reben. Wer in mir bleibt und ich in ihm, der bringt viele Frucht; denn ohne mich könnt ihr nichts tun. Wer nicht in mir bleibt, der wird weggeworfen wie eine Rebe und verdorrt, und man sammelt sie und wirft sie ins Feuer, und müssen brennen. So ihr in mir bleibet und meine

---

Although innumerable beings have been led to Nirvana
no being has been led to Nirvana
Before one goes through the gate
one may not be aware there is a gate
One may think there is a gate to go through
and look a long time for it
without finding it
One may find it and
it may not open
If it opens one may be through it
As one goes through it
one sees that the gate one went through
was the self that went through it
no one went through a gate
there was no gate to go through
no one ever found a gate
no one ever realized there was never a gate.

Worte in euch bleiben, werdet ihr bitten, was ihr wollt, und es wird euch widerfahren» (15,1-7).

Nach dem mehrfachen Vorbereiten in den anderen Evangelien (alle sind wirklich aus einem Weinstock) und der Hochzeit zu Kana wechselt das Bild des Weinstockes in die erste Person und behandelt, wie das Wesen des einen Urlogos mit den Logoskeimen im Menschen zusammenhängt – der Sämann und die Samen, das Geheimnis der Mehrzahl.

Die Ich-bin-Worte aber, auch die in den Kapiteln 11 (Vers 25) und 14 (Vers 6): «Ich bin die Auferstehung und das Leben» bzw. «Ich bin der Weg und die Wahrheit und das Leben» zeigen wirklich den Weg, die Wahrheit, das Leben und die Auferstehung noch in einem übergreifenden Sinne, abgesehen von dem (an den Evangelienstellen) aktuellen Sinn. Im archaischen, partizipierenden Bewusstsein konnte der Mensch nicht «Ich» sagen, er lebte in einer überbewussten Identität mit allen Inhalten seines Bewusstseins, das auch sich selbst «verborgen» war: Der Mensch konnte es nicht als Bewusstsein erfahren. Was heute «Erkennen» oder «Bewusstsein» genannt wird, war noch ein Teil des – nicht bewusst oder vorbewusst – Erkannten. Die Loslösung des Bewusstseins von seinem Inhalt, seine Emanzipation, die erst mit der Bewusstseinsseele vollständig wurde, ermöglichte durch die Doppelgleisigkeit (Zweifel, Frage, Dualität) und die Trennung zwischen Welt und Ich das Ich-Bewusstsein, brachte aber zugleich das Verlieren der Gegenwärtigkeit oder des Lebens mit sich, das Haften an der ideen-entblößten Sinneswahrnehmung, unter Verschmähung der Bedeutung – der Wahrheit derselben. «Ich bin der wahre Weinstock» oder auch jedes andere Ich-bin-Wort ist das Wiederherstellen der Einheit der Welt *unter dem Zeichen des Ich:* Identität, aber bewusste Identität, es heißt ja «Ich bin» – das kann nicht ohne

Ich-Bewusstsein gesagt werden. Das Objekt wird in diesen Sätzen wieder zum Subjekt. Natürlich beinhaltet ein solcher Ausdruck das Paradoxon: «Ich» bin «etwas anderes». In diesem Paradoxon aber feiert die Welt ihre Auferstehung, die wiedergewonnene Einheit, dass sie zur durchsichtigen Wahrheit wird. Das ist das Paradoxon des Ich. Es gibt keine Welt, die ichlos wäre – wer wüsste von dieser Welt? Das *neue* partizipierende Bewusstsein – wenn es überhaupt so genannt werden kann – wird damit als Keim oder Samen gesät. Das Ich-bin ist in diesem Sinne der *Weg* zur Aufhebung der Zweiheit, zur Erreichung der Offenbarung, der Unverborgenheit oder Wahrheit, zum Leben, das als Bewusstsein wieder die empfangende Aufmerksamkeit der Liebe leben kann, in ihr *bleiben* kann, also ein Leben mit Bewusstsein. Das ist die Auferstehung des Bewusstseins aus dem zeitweiligen Tod, der zur Entwicklung des Ich-Bewusstseins notwendig war. Auferstehen ist des Menschen Art. Das Leben ist das Leben der Auferstehung. Das Gedicht spiegelt *dieses* Leben:

Gegenwart

Die Sonne geht nicht unter lauter Licht,
Jahre ziehn dahin, Glückesjahre,
in dem vertikalen Lichtesstrahle
steten Auferstehens lebe ich.

Magda Székely (übersetzt von G. K.)

Die Ich-bin-Worte sind wie eine Antwort auf den uralten indischen Spruch: *Tat tvam asi* – das bist du,[32] das zunächst die Hinführung zum «Das» (und zum «Du») war, der Weg zur Dualität. Ein Ich-bin-Wort ist zugleich eine aufwärtshebende Kraft. Denn zum Hervorbringen eines solchen

Wortes ist einerseits die Erfahrung «Ich bin das» notwendig, andererseits ein Blick auf diese Erfahrung. Dieses Schauen kann nur von oben her, von oberhalb der Ebene der Erfahrung geschehen.

Das zwölfte Kapitel

Die zwei großen Gleichnisse oder «Sprichwörter» – *paroimíai* – im Johannes-Evangelium gehen in die Höhenrede über. Im 10. Kapitel (14-18): «Ich bin der gute Hirte und erkenne die Meinen, und die Meinen erkennen mich. Wie mich der Vater kennt und ich kenne den Vater. Und ich lasse mein Leben für die Schafe. Und ich habe noch andere Schafe, die sind nicht aus diesem Stalle; und dieselben muss ich herführen, und sie werden meine Stimme hören, und wird *eine* Herde und *ein* Hirte werden. Darum liebt mich mein Vater, dass ich mein Leben lasse, auf dass ich's wiedernehme. Niemand nimmt es von mir, sondern ich lasse es von mir selber. Ich habe Macht, es zu lassen, und habe Macht, es wiederzunehmen.» Im 15. Kapitel, nach dem Gleichnis vom Weinstock (8-10): «Darin wird mein Vater geehrt, dass ihr viel Frucht bringet und werdet meine Jünger. Gleichwie mich mein Vater liebt, also liebe ich euch auch. Bleibet in meiner Liebe. So ihr meine Gebote haltet, so bleibet ihr in meiner Liebe, gleichwie ich meines Vaters Gebote halte und bleibe in seiner Liebe.» Die Schlüsselworte «bleiben» und «halten» bilden den Grat dieser Sätze.

Auf die gleiche Weise führen die metaphorischen Taten hinüber zur Redeweise des Johannes, zum Beispiel anlässlich der Ehebrecherin (8. Kap.) oder bei der Heilung des Blindgeborenen; da geht die Rede der Tat voraus: «Ich muss wirken die Werke des, der mich gesandt hat, solange es Tag ist; es kommt die Nacht, da niemand wirken kann. Dieweil ich bin in der Welt, bin ich das Licht der Welt» (9,4-5). Das Wort *paroimía*, das als «Sprichwort» übersetzt wird (und im zweiten Petrusbrief 2,22 wirklich diese Bedeutung hat), bedeutet bei Johannes eigentlich alles das, was die Jünger oder die Außenstehenden nicht oder nur schwer verstehen. Nach Johannes 16, Vers 28: «Ich bin vom Vater ausgegangen und gekommen in die Welt; wiederum verlasse ich die Welt und gehe zum Vater», erwidern die Jünger Vers 29: «Siehe, nun redest du frei heraus und sagst kein Sprichwort.» Vorangehend wird eine solche Verständnisschwierigkeit geschildert (16,16-21), die, wie oftmals, mit dem angekündigten Hingang des Herrn in Zusammenhang steht.

Nach der Auferweckung des Lazarus (11. Kap.) beschleunigt sich das Geschehen zum Ende hin, denn die Einweihungstat in der Öffentlichkeit entfacht alle retardierenden Kräfte in der Umgebung. Das 12. Kapitel beginnt mit der Salbung Jesu, was auch manche der Jünger anstößig finden. Doch weist dieses Bild auf seinen Tod hin (Matth. 26,12; Mark. 14,8). Danach folgt der Einzug in Jerusalem, der «König» von Israel kommt, «im Namen des Herrn (Gottes)», eine Bezeichnung, die bei der Anklage der Juden gegen Jesus vor Pilatus eine zentrale Rolle spielen wird.[33] Bei Markus (11,9f.) wird auch das Königtum in der Schilderung dieser Szene erwähnt. Nun fragen die Griechen – das heißt griechische Juden – durch Philippus nach Jesus, und durch die Antwort des Herrn werden wir gleichsam in eine metamorphosierte johanneische Form des Säemann-Gleichnisses versetzt. Jetzt erst wird das Schicksal des Logossamens erhellt (12,24): «Amen, Amen ich sage euch: Es sei denn, dass das

Weizenkorn in die Erde falle und ersterbe, so bleibt's allein; wo es aber erstirbt, so bringt es viele Früchte.»*

Jesus spricht über seinen nahenden Tod und dessen Art, das Volk versteht es nicht und fragt (12,34): «Wer ist der Menschensohn?» Die Antwort ist indirekt wie immer, und nun wird wieder ein Motiv aus dem Umkreis des Säemann-Bildes – in gewandelter Form – ausgesprochen: «Da sprach Jesus zu ihnen: Es ist das Licht noch eine kleine Zeit bei euch. Wandelt, dieweil ihr das Licht habt, dass euch die Finsternis nicht überfalle. Wer in der Finsternis wandelt, der weiß nicht, wo er hingeht. Glaubet an das Licht, dieweil ihr's habt, auf dass ihr des Lichtes Söhne seid» (12,35-36).** Das ist das Motiv des nicht-verborgenen Lichtes, wie es bei Markus 4,21-22 und Lukas 8,16-17 zu finden ist. Und nach diesem Lichtvers kommt in der Tat das «Verbergen» des Lichtes, wie es bei Markus und Lukas heißt (Joh. 12,37): «Solches redete Jesus und ging weg und verbarg sich vor ihnen. Und ob er wohl solche Zeichen vor ihnen getan hatte, glaubten sie doch nicht an ihn.» Jesus tut, was mit dem Licht seiner Worte, mit seinem Wesen geschieht: sie gehen in die Verborgenheit – das Tun bildet den inneren Prozess ab. Bei Lukas (19,42) ist im Bild des Einzugs in Jerusalem zu lesen: «Wenn doch auch du (nämlich Jerusalem) erkenntest zu dieser deiner Zeit, was zu deinem Frieden dient! Aber nun ist's vor deinen Augen *verborgen*.»

Dass das 12. Kapitel des Johannes-Evangeliums wahrhaftig in der Atmosphäre des Säemann-Gleichnisses gehalten ist, bekräftigt das Jesaja-Wort, welches gleich nach Vers 37 (Joh.

* Siehe auch 1. Kor. 15,35.

** Der Unterschied zwischen «Kinder» (wie Luther die Stelle übersetzt) und «Söhne» ist wesentlich. Siehe G. Kühlewind, *Die Erneuerung des Heiligen Geistes*, Kapitel: «Die Wandlung des Heiligen Geistes».

12,38-41) zitiert wird: «Auf dass erfüllet würde der Spruch des Propheten Jesaja, den er sagte: ‹Herr, wer glaubt unserm Predigen? Und wem ist der Arm des Herrn offenbart?› Darum konnten sie nicht glauben, denn Jesaja sagte abermals: ‹Er hat ihre Augen verblendet und ihr Herz verstockt, dass sie mit den Augen nicht sehen noch mit dem Herzen vernehmen und sich bekehren und ich ihnen hülfe.›» Gleich nach diesem Zitat (42-43) wird der schlechte Boden geschildert: «Doch auch der Obersten glaubten viele an ihn; aber um der Pharisäer willen bekannten sie es nicht, dass sie nicht in den Bann getan würden. Denn sie hatten lieber die Ehre bei den Menschen als die Ehre bei Gott.»

Das 12. Kapitel geht dem Kapitel des Abendmahls unmittelbar voran. So ist es das letzte Kapitel der Auseinandersetzungen mit dem Unglauben und Nicht-Verstehen der Umgebung. Es kommt noch einmal zu einem Ich-Wort: «Ich bin gekommen in die Welt ein Licht, auf dass, wer an mich glaubt, nicht in der Finsternis bleibe» (12,46). Jetzt werden auch die Konsequenzen des Unglaubens – des schlechten Landes beschrieben: «Und wer meine Worte hört und glaubt nicht, den werde ich nicht richten; denn ich bin nicht gekommen, dass ich die Welt richte, sondern dass ich die Welt rette (erlöse). Wer mich verachtet und nimmt meine Worte nicht auf, der hat schon, was ihn richtet; das Wort, welches ich geredet habe, das wird ihn richten am Jüngsten Tage» (12,47-48). Der Logosfunke im Menschenherzen und auch im oberen Teil der Seele bleibt nicht indifferent, besonders nicht im «Fleisch». Er sprießt und bringt Früchte, oder er wird zum Krankheitskeim und sprießt auf unerwünschte Weise.

Nach dem 12. Kapitel spricht Jesus nur noch mit dem inneren Kreis und Gott (Kap. 17), bis zur Gefangennahme. Der Kampf um den Glauben an den Gottmenschen-Menschengott ist vorbei – er wurde verloren. Man kann heute wissen, dass es anders nicht möglich war. Der «Unglaube» der Juden war ein unentbehrlicher Bestandteil des Erlösungsweges, ohne welchen kein Kreuzestod und folglich keine Auferstehung hätte stattfinden können. Und was wäre das Christentum ohne die Auferstehung? Trotzdem wurde von Seiten des Herrn um den Glauben der Umgebung gekämpft. Die konnte ja nicht wissen, was für eine Frucht für die Welt aus ihrem Unglauben hervorgehen würde. Die Umgebung wurde durch diesen Kampf schuldig, aber sie musste es auch werden, damit das Mysterium von Golgatha vollbracht werden konnte. Es war ein Opfer, ohne eine Bewusstheit darüber.[34]

Der 22. Psalm

Die Taten Jesu, das ganze im Neuen Testament beschriebene Geschehen, sind sinnvoll, das heißt sind Zeichen eines Textes, dessen Sinn, dessen Bedeutung nur dem erhöhten meditativen Bewusstsein zugänglich ist. Das ist die Botschaft des Sämann-Bildes, welches zugleich das Wie, die Möglichkeit dieser Bewusstseinserhöhung darstellt. Und wie alle Texte, die über das Informative des Inhaltes hinausgehen, sind die geschilderten Ereignisse und Reden schichtenweise vieldeutig. Die Unterschiede zwischen den einzelnen Evangelien sind größtenteils darauf zurückzuführen, dass in die Darstellung der jeweils erfasste oder geahnte Sinn auch schon hereinspielt – die Schilderungen werden durch diesen tingiert. Der volle Sinn war auch für die intimsten Jünger verschleiert; die Evangelien sind selbstverständlich nach der Auferstehung geschrieben worden, und erst dann hat sich – langsam und mühsam – der Schleier vor den Augen aufgelöst, obwohl im Alten Testament eigentlich alles, bis in die Einzelheiten, zu lesen war, was mit dem Logosträger geschehen ist, vor allem hinsichtlich seines Leidensweges.[35] Der Preis der Menschwerdung ist Leiden, extremes Leiden, weil extreme ideale Menschwerdung, unter Verzicht auf alles, was göttlich ist. *Das* gerade ist der Schleier – die Vorstellung vom leidenden Messias war *vor* der Auferstehung keinem Zeitgenossen, keinem der Jünger geläufig und zugänglich, man konnte die Hinweise darauf im Alten Testament *nicht lesen*.[36]

Das Ende des Leidensweges wird im Johannes-Evangelium menschlich am ergreifendsten geschildert, aber nichtsdestoweniger hintergründig. Das vorletzte Wort des Herrn (19,28) lautet: «Mich dürstet.» Der ganze Vers sagt noch mehr, spricht über das volle Bewusstsein Jesu in Hinsicht auf diesen Augenblick: «Danach (nach den Worten zu dem geliebten Jünger), da Jesus wusste, dass schon alles vollbracht war, dass die Schrift erfüllet würde, spricht er: Mich dürstet.» Die Wendung, dass die Schrift – das Alte Testament – «erfüllet würde», kehrt im Neuen Testament oft wieder, und sie hat mehrere Bedeutungen. Eine davon ist, dass der Herr der Schrift, dem Alten Testament, durch seine Tat neuen Sinn gibt und *sie damit erfüllt*. Das Wort «erfüllet würde» – *teleiothé* – bedeutet auch und eher «vollkommen werde», «vollständig werde». Dass dieser Sinn jeweils, durch jede Tat, jedes Geschehnis *neu* war, wird durch das Unverständnis der Umgebung vor Augen geführt. Der Logosträger als Menschenideal konnte nur jeweils Neues tun, in andauerndem Schöpfertum.

Wie erschütternd weit die Entblößung der Göttlichkeit in dieser letzten Szene geht, wird durch die Erinnerung an das 4. Kapitel ersichtlich, wo es heißt: «Wenn du (die Samaritanerin) erkenntest die Gabe Gottes und wer der ist, der zu dir sagt:

‹Gib mir zu trinken!›, du bätest ihn, und er gäbe dir lebendiges Wasser. Spricht zu ihm das Weib: Herr, hast du doch nichts, womit du schöpfest, und der Brunnen ist tief; woher hast du denn lebendiges Wasser? Bist du mehr als unser Vater Jakob, der uns diesen Brunnen gegeben hat? Und er hat daraus getrunken und seine Kinder und sein Vieh. Jesus antwortete und sprach zu ihr: Wer von diesem Wasser trinkt, den wird wieder dürsten; wer aber von dem Wasser trinken wird, das ich ihm gebe, den wird ewiglich nicht dürsten; sondern das Wasser, das ich ihm geben werde, das wird in ihm ein Brunnen des Wassers werden, das in das ewige Leben quillt.»* Im 7. Kapitel (37-38) wird darauf Bezug genommen: «Wen da dürstet, der komme zu mir und trinke! Wer an mich glaubt, wie die Schrift sagt, von des Leibe werden Ströme des lebendigen Wassers fließen.» Am Kreuz sagt derselbe: «Mich dürstet.» Darauf folgt das Bild des mit Essig getränkten Schwammes – hier beginnt die Alchymie des Auferstehungsleibes; und was von da an geschieht, soll nicht mit unseren Worten vermengt werden.

Die Worte «Mich dürstet» deuten an, dass das Geschehen in der Atmosphäre des Alten Testaments, und zwar namentlich in der des 22. Psalms, empfunden wird und wurzelt. Als ob der Herr Vers 16 dieses Psalms zitiere: «Vertrocknet wie eine Scherbe ist meine Kehle, die Zunge klebt mir am Gaumen.»** Für sich genommen, ohne andere Indizien, könn-

* Das griechische Wort für «quillt» – *hállomai* – weist auf die Sprunghaftigkeit des Übergehens in die Ewigkeit hin: es bedeutet «hüpfen», «springen», auch «plötzlich in etwas eindringen».

** Wir zitieren aus dem Psalm in der Übersetzung der Jerusalemer Bibel, weil diese dem Text der Septuaginta am nächsten steht. Die verschiedenen Quellen unterscheiden sich auch weitgehend voneinander. Von Luther wird dieser Psalm «Christi Leidenspsalm» genannt.

te ein solches Verständnis unangemessen erscheinen, denn nichts ist natürlicher als der Durst des ans Kreuz Geschlagenen. Der Psalm beginnt aber mit den Worten des Herrn, wie sie durch Matthäus (27,46) und Markus (15,45) wiedergegeben werden: «Mein Gott, mein Gott, warum hast du mich verlassen?» Nun ist bezüglich der im Neuen Testament zitierten Psalm- und Propheten-Stellen nicht zu vergessen, dass die Verse niemals nur sich selbst, sondern den ganzen betreffenden Psalm oder die Umgebung des Zitats meinen. Im 22. Psalm folgen auf die ersten etwa 23 Verse des Klagens und Flehens noch 9 rühmende und den Herrn lobpreisende Verse, und auch diese sind durch den Anfangssatz «Mein Gott ...» mit einbezogen.

«Sie teilen unter sich meine Kleider und losen um mein Gewand» lautet der Vers 19 des Psalms, und wir finden dieses Geschehen in allen vier Evangelien (Matth. 27,35; Mark. 15,24; Luk. 23,34; Joh. 19,24). Die Verhöhnung des Gekreuzigten erinnert bzw. ist eine Anlehnung an die Verse 7-9 des Psalms; fast wörtlich wird (Matth. 27,39; Mark. 15,29) Vers 8 wiederholt: «Alle, die mich sehen, sie spotten mein, sie verziehen die Lippen, bewegen ihr Haupt», und ebenso greift der Text nach Matthäus (27,43) auf Vers 9 zurück: «Er vertraute auf Jahwe, der mag ihn retten», in der Version Luthers: «Er klage es dem Herrn.» Das Johannes-Evangelium hat noch einen Bezug zu Vers 17 des 22. Psalms: «Sie haben meine Hände und Füße durchgraben». Die Nägel werden allein bei Johannes (20,25 und 27) erwähnt, in Zusammenhang mit dem Unglauben des Thomas.

«Auf dass die Schrift erfüllet werde» – diese oft wiederholte Wendung bedeutet auch eine Kontinuität: Das Alte Testament setzt sich fort. Nimmt man die andere Bedeutung des Wortes *teleiothé*, dann spricht der Satz über eine Wende:

Im Neuen Testament wird das Alte «vervollkommnet» oder «vollständig», wie durch einen neuen Sinn gesehen.

Psalm 22 fasst mit seinem Doppelantlitz das dramatische Geschehen der Evangelien in seinem Duktus zusammen: Von Trauer und Klage hin zu Lob und Triumph. Und zur Zukunft (30-32): «Und meine Seele wird leben für ihn, mein Geschlecht wird ihm dienen. Sie werden erzählen vom Herrn dem kommenden Geschlecht, seine Gerechtigkeit künden dem Volke der Zukunft: Er hat es vollbracht.»

Ausklang

Jedes Bild, jedes Geschehen, jeder Satz in den Evangelien – und zum großen Teil auch in den anderen Bücher des Neuen Testaments – enthält neben dem irdisch-beschreibenden Sinn noch weitere, verborgene Bedeutungen. Diese Tatsache wurde in der Geschichte des Christentums durchweg empfunden und in der religiösen Literatur und den Predigten sehr wohl benutzt, zum Teil in tieferem, zum Teil in trivialem Sinne. Für uns Menschen des 20. Jahrhunderts scheint die wirkliche Lehre des Christentums im Sinne des Säemann-Bildes nur in sehr spärlichem Maße ein «gutes Land» erreicht zu haben – die äußeren Geschehnisse, wenn man allein dieses Jahrhundert betrachtet, widersprechen einer optimistischen Aussicht. Das Neue Testament ist selbst der gesäte Samen – das Schicksal dieser Saat sind wir in unserer Unzulänglichkeit. Sind wir in Wahrheit Christen? Gehen wir mit den heiligen Werken um wie mit einer Saat, deren Boden wir sind? Dringen wir vom Zeichen zum Sinn und immer tieferen Sinn vor?

Pilatus

In der Geschichte Jesu treten mehrere Gestalten auf, die, von einem dramaturgischen Gesichtspunkt aus gesehen, negative Rollen spielen: Sie führen seine Leiden, seinen Tod herbei, wie Judas Iskariot, die Hohenpriester, die Pharisäer. Zu ihnen kann auch Pilatus gezählt werden. Es ist jedoch gewiss, dass ohne diesen Tod, also ohne diese negativen Gestalten, kein Christentum möglich wäre: kein Kreuz, kein Tod, keine Auferstehung. Ohne ihren bewussten Willen haben die «Verursacher» dieses Todes doch auch eine positive Rolle gehabt – es ist nicht ihr Verdienst. Unter ihnen scheint Pilatus einer zu sein, der ahnte, mit wem er es zu tun hatte, der vielleicht sogar halb-bewusst seine Rolle gespielt hat, halb-bewusst in Bezug auf die «Notwendigkeit» des Todes Jesu, gerade er, dem die Tradition der Messiaserwartung fremd war.

Indem wir seine in der Literatur vielfach verarbeitete Geschichte untersuchen, müssen wir zugleich auch einige grundsätzliche Fragen beantworten. War der Kreuzestod wirklich «notwendig»? Kann man sich nicht vorstellen, dass die Juden, die Hohenpriester und andere letztlich den Erwarteten doch erkannt hätten oder dass es Pilatus gelungen wäre, ihn zu retten, wie es ja seine Absicht war? Wie wäre dann die Fortsetzung dieser Geschichte gewesen? Kann oder darf letzten Endes in *dieser* Geschichte das Menschlich-Allzumenschliche, der Neid der Hohenpriester, der Konservatismus der Pharisäer, das Unverständnis des Judas, die Feigheit des Pilatus entscheidend sein? Wenn dies alles auch *Mittel* war, liegt dahinter kein tieferer Sinn? Einer, den diejenigen, die seine Werkzeuge waren, gar nicht geahnt haben?

Das Ärgernis

«Da aber Johannes im Gefängnis die Werke Christi hörte, sandte er seiner Jünger zwei. Und ließ ihm sagen: Bist du der Kommende, oder sollen wir eines andern warten? Jesus antwortete und sprach zu ihnen: Gehet hin und saget Johannes wieder, was ihr sehet und höret: Die Blinden sehen und die Lahmen gehen, die Aussätzigen werden rein und die Tauben hören, die Toten stehen auf und den Armen wird das Evangelium gepredigt; und selig ist, der sich nicht an mir ärgert» (Matth. 11,2-6; Luk. 7,18-23).

Was gibt Anlass zum Ärgernis? Kierkegaard widmet fast ein ganzes Werk, *Einübung im Christentum*, dieser Frage. Man muss sich die Geschichte als gleichzeitig Lebender vorstellen: Was würden *wir* tun, wenn wir sehen oder hören würden, dass jemand heilend wirkt und predigt: Liebet eure Feinde? Und wir meinen dabei zu wissen, dass er der Sohn eines Zimmermanns ist, er aber sagt, er sei Gottes Sohn? Man war verärgert, viele Stellen des Neuen Testaments zeigen dies,* zum Beispiel Joh. 6,61: «Ärgert euch das?» Auch noch so viele Wundertaten beweisen *in der Gegenwart* nichts; später, als der Wundertäter als Sohn Gottes anerkannt wird, als der Heiland, da ist es leicht und seicht, sich zu wundern: Wie konnte

* Matth. 13,54; 26,31; Mark. 14,27; Luk. 7,23; Joh. 16,1; 16,32.

man ihn nicht erkennen? Es werden Zeichen gefordert, und die Erfahrung lehrt, dass Zeichen nie genügen. Die Wunder haben *damals* nichts zu beweisen vermocht; «er treibt die Teufel aus durch Belzebub» (Matth. 12,24) – sie würden auch heute nichts beweisen. Die Wunder des Alltags – dass der Mensch sieht und hört, spricht und denkt – vermögen heute nichts zu beweisen, wir haben für alles eine «Erklärung» bereit. Das aber wusste auch Jesus: «Hören sie Moses und die Propheten nicht, so werden sie auch nicht glauben, wenn jemand von den Toten auferstünde» (Luk. 16,31).

Die Hohenpriester, die Pharisäer waren Vertreter einer Religion und einer mit ihr identischen historischen Tradition, deren grundlegende Idee und sich selbst zugeschriebene Aufgabe in der Erwartung des Messias und der Bereitstellung seines menschlichen Organismus bestand. Warum haben sie ihn nicht erkannt? Die Ursache dieses «Versagens» kann in dem gesucht werden, was Kierkegaard das göttliche Inkognito nennt. Ein göttliches Inkognito ist ein vollkommenes: Gottessohn im Menschensohn, Gottes Wort im Sohn eines Zimmermanns. Für die Juden war das eine doppelte Schwierigkeit, die dem zweifachen Ärgernis von Kierkegaard entspricht, dass Gott in Menschengestalt erscheint und dass ein Mensch von sich sagt: Ich bin Gottes Sohn (Joh. 5,18; 8,38; 10,33). In der mosaischen Erziehung hatten sie mit Mühe und unter vielen Rückfällen gelernt, den Unsichtbaren – und nur Hörbaren – anzubeten, den man nicht abbilden darf noch kann. Nun soll die Gottheit Menschengestalt annehmen: für jene religiöse Empfindung eine schwer nachvollziehbare Änderung. Auf der anderen Seite ist aber der Menschengott zu erdenfremd, er kümmert sich nicht um irdische Macht (Joh. 6,15), um die «Welt» – «diese» Welt –, sein Reich ist nicht von hier. Das entsprach den Messias-Erwartungen nicht: Mit seinem Kommen sollte ja auch auf dieser Welt alles anders werden – es bleibt bis heute die Frage, ob im gegebenen Fall dieses «Anders» jenen, die davon überzeugt waren und sind, darauf zu warten, wirklich willkommen wäre.

Gott und Mensch waren für die jüdische Tradition zwei Pole, getrennt durch eine unüberbrückbare Kluft; Mensch und Gott sollten jetzt *eine* Person sein? Zudem war die Herkunft Jesu bekannt: «Ist dieser nicht Jesus, Josephs Sohn, des Vater und Mutter wir kennen? Wie spricht er denn: Ich bin vom Himmel gekommen?» (Joh. 6,42)*. Neben der Schwierigkeit zu begreifen, wie der obere Mensch – «der von oben» – sich mit dem unteren zusammenfügt, gab es noch den Widerspruch der Heimatstädte, Galiläa und Bethlehem: «Soll Christus aus Galiläa kommen? Spricht nicht die Schrift: von dem Samen Davids und aus dem Flecken Bethlehem, da David war, solle Christus kommen?» (Joh. 7,42; 7,52; 1,46). Und doch haben alle Widersprüche, alle Ärgernisse den Hohenpriestern und den Pharisäern nie die volle Sicherheit geben können, dass der Nazarener *es nicht sei*, nämlich der Messias.

Schon bevor er gefangen genommen wird, stellt man ihm wiederholt die Frage: «Wie lange hältst du unsere Seele gefangen? Bist du der Christus, so sage es uns offen und frei» (Joh. 10,24; 8,25). Die Frage und die darauf gegebene Antwort enthalten die ganze durch die zwiespältige Situation bedingte Tragik und die Unmöglichkeit der *direkten Mitteilung* der Wahrheit; *der* Wahrheit, die einen Erkenntnisakt, eine Intuition erfordert von dem Empfangenden, damit sie Wahrheit werden kann: «Ich habe es euch gesagt, und ihr glaubet nicht.» Der Hohepriester sagt zu dem Gefangengenomme-

** Auch Matth. 13,55; Mark. 6,3; Luk. 4,22; Joh. 7,27.

nen (Matth. 26,63): «Ich beschwöre dich bei dem lebendigen Gott, dass du uns sagst, ob du Christus seist, der Sohn des lebendigen Gottes. Jesus sprach zu ihm: Du sagst es ... Da zerriss der Hohepriester seine Kleider.» (Siehe auch Mark. 14,61; Luk. 22,67ff.) Sie wollen es von dem Verklagten hören; wenn er es sagt, gilt es als Gotteslästerung, weil sie den *Sprechenden* nicht sehen, der hinter dem Inkognito in *jedem* Menschen da ist – in jedem ist der Sprechende anwesend –, hinter dem Inkognito, das sie nicht durchbrechen, nicht durchschauen.[37] Auf die Frage: «Wer bist du?» erklingt die Antwort (Joh. 8,25): «Erstlich, der ich mit euch rede» oder «Erstlich, der ich euch verkünde» oder «Der ich von Anfang an euch verkünde» oder «Der ich auch den Anfang euch verkünde»: Der Logos, der der Unsichtbare ist im Menschen. Wenn die Aussage «Ich bin Gottes Sohn» dem sichtbaren Menschen zugeschrieben wird, so *ist* es Gotteslästerung.

«Und selig ist, der an mir kein Ärgernis nimmt.» Die Worte gelten Johannes dem Täufer und folgen einer gedrängten Aufzählung der Wunder – «und den Armen wird das Evangelium gepredigt» ist nicht das kleinste von ihnen. Der Täufer aber ist der erste, der den Christus erkennt (Matth. 3,14; Joh. 1,29-34; 3,27-36). Und er erkennt ihn gründlich, wie es im vierten Evangelium bezeugt wird. Warum schickt er dann zwei Jünger zu Jesus mit der Frage, ob *er es sei?* Vielleicht liegt die Erklärung in den Versen Joh. 1,32-34: «Ich sah, dass der Geist herabfuhr wie eine Taube vom Himmel und blieb auf ihm. Und ich (er)kannte ihn nicht; aber der mich sandte, zu taufen mit Wasser, der sprach zu mir: Auf welchen du sehen wirst den Geist herabfahren und auf ihm bleiben, der ist's, der mit dem heiligen Geist tauft. Und ich sah es und zeugte, dass dieser ist Gottes Sohn.» Das ist ein Erkennen auf einer geistigen Ebene, aus innerem Hören. Im Gefängnis, wo er

Christus nicht sehen konnte, auch nicht sicher war, ob der, über den Gerüchte von Wundertaten zu ihm gelangt sind, *derjenige* ist, den er bei der Jordantaufe als Gottes Lamm erkannt hat, kamen ihm Zweifel. Wie dem auch sei, er bekommt keine direkte Antwort, und am Ende steht die Mahnung vor dem Ärgernisnehmen. Die Episode zeigt, dass es auch für eine Geistesgröße wie den Täufer nicht leicht gewesen ist, die Verbindung «Gott *und* Mensch» zu verstehen.

Zunächst erhalten auch die Juden keine direkte Antwort (Matth. 21,24ff.; Mark. 11,28ff.; Luk. 20,2ff.; Joh. 10,24ff.), sondern eine Frage zurück, die ihre Ehrlichkeit und Erkenntnisfähigkeit – und wie innig verbunden scheinen diese hier zu sein – auf die Probe stellt: «Woher war die Taufe des Johannes? War sie vom Himmel oder von den Menschen?» An der Antwort wird er erkennen können, ob sie imstande sind, *seine* Aussage über seine Macht zu verstehen.

Das Inkognito ist vollständig und irreführend. Es führt zum Verrat, zum Verlassenwerden. Wer steht unter dem Kreuz? Außer den Frauen allein Johannes der Evangelist. Wo sind die Zwölf? Joh. 14,22 zeigt, dass sie vor dem Kreuzestod nicht verstanden haben und diesen nun erst recht nicht verstehen: «Herr, was ist's, dass du dich uns willst offenbaren und nicht der Welt?» Die Frage zeigt den Kern der Erwartung, der Vorstellung vom Messias – die Jünger wissen wohl, dass er der Christus ist. Sie wissen aber nicht, *wer* der Christus ist. Und die Antwort auf die Frage offenbart eigentlich alles, was darüber zu sagen möglich ist (Joh. 14,23): «Wenn jemand mich liebt, wird er mein Wort behalten», wer mich in der Verkleidung durch seine Liebe zu mir erkennt, der wird meinen Logos empfangen, wie er von mir gemeint ist, und ihn auch behalten.

Der Zeichen können nie genug sein, denn Zeichen bedeuten immer gerade das, was der sie Empfangende an ihnen versteht. Die Bedeutung der Zeichen hängt davon ab, ob und wie man den sie Tuenden erkennt. Eben das Entfachen, das Herausfordern *dieses* weit über dem Alltäglichen liegenden Erkennens, eines erkennenden Fühlens, des *Glaubens*, ist nach Kierkegaard Sinn und Zweck der Verkleidung. Nur durch die Möglichkeit des Ärgernisses, an ihm vorbei, wird das Wort *sein* Wort – jenes des *später* Erhöhten, zur Zeit des Sprechens aber Erniedrigten –, das man trotz des Inkognitos verstehen sollte. Es soll kein leichter, bürgerlicher Glaube sein, wie man ihn einer anerkannten Gottheit selbstverständlich entgegenbringt, die Gestalt zugleich zum «göttlichen Biedermann» umdeutend.

Der Erhöhte schweigt, er hat auf menschliche Art genug gesprochen zur Zeit seiner Erniedrigung. Spräche er jetzt, so wäre da nicht mehr die Möglichkeit des Ärgernisses, der Wahl. Um in der Sprache der Menschen zu sprechen, war eben die menschliche Gestalt notwendig. Jetzt spricht wieder der unsichtbare Geist. Und um dessen Sprache zu verstehen, muss der Mensch eine geistige Gebärde, einen Schritt von sich aus tun, wie er dazu durch das Inkognito des sich offenbarenden Gottmenschen gezwungen war.

Sicherlich ist dieses Verstehen Kierkegaards sinnvoll und wahr. Es ergeben sich jedoch zwei weitere Gedanken, die gemeinsam mit den seinen das Erkennen weiter vertiefen.

Das «Inkognito» – Gott in Menschengestalt – ist ja nicht Verkleidung nur, sondern Vorbild, Anfang, Vorleben und Veranlagung zukünftiger menschlicher Fähigkeiten, die bis dahin allein den Göttern eigen waren und nun «in die Hände der Menschen» übergehen sollen. Es sind das die Fähigkeiten der Aletheia – die unverborgene Wahrheit zu erkennen – und der Charis – der moralischen Schöpfung, des Schaffens des

Neuen aus dem Überfluss heraus, aus dem Anfang.[38] *Das* bedeutet die Erlösung aus der *Bedingtheit* – Bedingtheit durch die Gottheit, durch die Gegenmächte. Der Messias bringt diese Möglichkeit. Nur wenn Aletheia und Charis im Menschen und durch den Menschen wirksam sind, kann sich die messianische Welt auf Erden verwirklichen: Der Frieden kann ja nicht äußerlich sein (Joh. 14,27), und das Reich Gottes ist inwendig im Menschen (Luk. 17,21). Ein Messias, der durch sein Erscheinen den Menschen verwandelt, auch inwendig verwandelt, wäre entweder ein Magier und nähme den Menschen ihre Selbstständigkeit – ihre Freiheit – oder die Menschheit müsste ihn durch eigenen Anfang erkennen und «nachahmen»: Damit sind wir zum Problem des Inkognitos zurückgekehrt. Keinem Menschen kann etwas gesagt werden, das er nicht versteht oder dem er nicht wenigstens eine Ahnung entgegenbringt.

Durch das Erlöschen der alten geschenkten Fähigkeiten, mit dem Aufkommen des dialektischen Bewusstseins, das die Menschheit nach und nach zur Selbstständigkeit geführt hat, ist das unmittelbare Erkennen des Göttlichen in seiner Traumhaftigkeit dahingeschwunden. Es entwickelte sich das Verstehen *dieser* Welt. Für dieses Verstehen ist die Göttlichkeit, der «obere Mensch» mit seinen Ansichten und Zielen «absurd», unmöglich, eine Torheit. Weisheit, übersinnliche Erkenntnis, die Geheimnisse höherer Welten können diesem Verstehen nicht direkt, als Information, mitgeteilt werden. Nach dem Erlöschen der alten Erkenntnisfähigkeiten, für die Denken und Wahrnehmen noch nicht getrennt waren, weswegen kein Selbstbewusstsein möglich war, kann durch die Wahrnehmung – die keine *Wahr*-nehmung mehr ist – nicht mehr das Wesen oder die Idee gegeben werden. Das Ergebnis dieses «erblindeten» Wahrnehmens, wenn es auf die einstige

Göttlichkeit gerichtet wird, ist das *Götzenbild*, das *nicht spricht*. Den Sprechenden müsste der Mensch durch seine vom Gottessohn geschenkte *Diánoia* – Verständniskraft – von sich aus erkennen (1. Joh. 5,20-21). Bleibt die eigene Aktivität aus, so wird aus der erhabensten und reinsten Offenbarung oder Lehre ein Götzenbild.

Daher ist das Inkognito ein Phänomen, das gar nicht anders sein könnte. Wenn nur der Geist sich selbst treu bleibt, muss er so auftreten, dass der Mensch die Möglichkeit hat, eine aktive Erkenntnisgebärde zu entfalten, eine *neue*, denn nur eine solche bedeutet wirkliche Aktivität. In dieser Aktivität erscheint der Geist, und außerhalb dieser Aktivität gibt es kein «Geistiges» für den Menschen, kein geistiges «Wissen», keinen geistigen «Inhalt». Nur das Göttliche – im Menschen – kann Göttliches erkennen. Erkennt der Mensch auf diese Weise das Göttliche, so wird er es auch im Alltäglichen erkennen.

Über das Geistige ist kein Argumentieren möglich, es gibt auch keine «Beweise»; die Versuche, für das Geistige zu argumentieren, es zu *beweisen*, zeigen nur, dass der für den Geist Eintretende nicht genügend versteht. Man kann die Erkenntnisaktivität nicht erzwingen, nur erwarten, wenn eine Darstellung des Geistigen gegeben wurde. Und zur «Darstellung» gehört der Sprechende selbst und seine Situation: Da ist es entscheidend, ob er der schon Erhöhte oder der Erniedrigte ist, der zum Beispiel sagt: «Kommet zu mir alle, die ihr mühselig und beladen seid, ich will euch Ruhe geben» (Matth. 11,28).

Das Inkognito des Messias ist aus dem menschlichen Nicht-Verstehen gewoben. Der Brennpunkt im Ärgernis am Logosträger ist der Gegensatz zwischen der Vorstellung vom weltlich herrschenden oder weltlich, das heißt *unmittelbar* Wirkenden und der innerlichen, esoterischen Messiasgestalt. Dieser Gegensatz klingt auch durch die wiederholten Fragen aus dem Kreis der Jünger (Joh. 7,4; 14,22). In diesem Brennpunkt lebt andererseits das Paradoxon des Gottmenschen und Menschengottes. Dieses wird auf die Spitze getrieben durch die vom Logosträger vorausgesagten Leiden und den Kreuzestod, wie das alle vier Evangelien berichten.* Selbst die engsten Jünger verstehen dieses Gottesbild nicht. Wir befinden uns im hebräischen Traditionskreis, in dem das Bild eines leidenden Gottes unbekannt und widersprüchlich ist. Ein leidender Gott, ein sterbender Gott – was ist das für ein Messias? «Wir haben gehört, dass Christus ewiglich bleibe, und wie sagst du denn: ‹Des Menschen Sohn muss erhöht werden›? Wer ist dieser Menschensohn?» (Joh. 12,34).

Eines ist das Voraussagen, ein anderes, dass der Logosträger sich nicht gegen das Schicksal wehrt, sogar alles Widersprechen dagegen – von Seiten Petri zum Beispiel – entschieden ablehnt: «Hebe dich Satan von mir! Du bist mir ärgerlich; denn du sinnst nicht, was göttlich, sondern was der Menschen Sache ist» (Matth. 16,22f.; Mark. 8,32f.). Selbst Petrus ist im Widerspruch der weltlichen und göttlichen Messiasgestalt befangen. Was soll das Leiden dessen, den er kurz zuvor als den Christus, den Sohn des lebendigen Gottes erkannt hat?

* Matth. 12,40; 16,21; 17,22; 20,18; Mark. 8,31; 9,31; 10,33; Luk. 9,22; 17,25; 18,31; 24,7; Joh. 7,33; 12,32; 13,33; 14,19; 16,16.

Nicht nur wird der Gedanke abgelehnt, sich selbst zu retten; der Logosträger wehrt sich auch weder gegen den Verrat,* von dem er im voraus weiß, noch gegen die Gefangennahme: «Oder meinst du, dass ich nicht könnte meinen Vater bitten, dass er mir zuschicke zwölf Legionen Engel? Wie würde aber die Schrift erfüllet? Es muss also gehen» (Matth. 26,53f.; Joh. 18,11). Und er bittet nicht. Auch Pilatus gegenüber versichert er: «Du hättest keine Macht über mich, wenn sie dir nicht gegeben wäre von oben ...» (Joh. 19,11). Das ganze Verhalten des Logosträgers vor den Hohenpriestern und besonders gegenüber Pilatus, sein Schweigen auf die Anklagen** verrät: Er will nicht etwas anderes, als vorausgesehen war. Dem schwachen Widerstand, den die Jünger, vor allem Petrus, mit dem Schwert leisten, gebietet er Einhalt; es scheint, als sei dieser nur formal nötig (Luk. 22,36; 22,38; 22,49-51; Joh. 18,10-11), aber ohne Bedeutung, vielleicht nur, um die durchaus gegebene Möglichkeit eines Entkommens, worauf aber verzichtet wird, anzudeuten.

Das Inkognito, oder anders gesagt: die Blindheit der Gegner ist so vollkommen, der eine innerliche Auferstehung bringende Messias wird durch das götzenhafte Vorstellungsbild von einem weltlichen Erlöser so vollständig verkannt, dass selbst die auf den Kreuzestod gerichtete Absicht des Logosträgers zwar öfter Befremden hervorruft, aber niemanden dazu veranlasst, sich zu besinnen. Im Gegenteil, je näher das Ende kommt, um so sicherer werden die Gegner in ihrem Urteil: Er ist es nicht. *Ihr* Messias könnte nicht gefangen genommen, erniedrigt und gedemütigt, nie ans Kreuz geschlagen werden und erst recht nicht sterben. Pilatus selbst,

* Matth. 26,24-25; Mark. 14,18.

** Matth. 26,63; 27,14; Mark. 15,4; Luk. 23,9; Joh. 19,9.

der, wie wir sehen werden, keineswegs die Meinung der Juden teilt, glaubt vielleicht bis zu dem Augenblick, als Joseph von Arimathia ihm den Tod Jesu berichtet, dass er es mit einem göttlichen Wesen zu tun hat. Man kann hinter einem Satz (Mark. 15,44) die Verwunderung, dass Jesus überhaupt gestorben ist, spüren: «Pilatus aber wunderte sich, dass er schon gestorben war und rief den Hauptmann und fragte ihn, ob er schon lange gestorben sei.» Wahrscheinlich werden sowohl die Juden wie auch Pilatus durch den Tod völlig überzeugt: Er war ein Mensch, ein Betrüger oder ein Selbstbetrüger. Und in Bezug auf den ersten Punkt hatten sie recht. Er war wirklich Mensch, ganz Mensch geworden.

Die doppelte Anklage

Die Juden, die führenden Kreise, die Priesterschaft und die Schriftgelehrten sind überzeugt, das heißt sie wollen überzeugt sein, dass Jesus nicht der Erwartete ist. Sie sind damit nicht allein: Unter dem Kreuz bleibt ein einziger Jünger stehen; und die eine Hälfte des Ärgernisses, dass der Mensch nämlich die Gottesmöglichkeit in sich trägt, ist noch heute, ja heute erst recht ein Ärgernis, auch für viele, die sich Christen nennen. Wenn man sich die Richtung der von Jesus verkündeten neuen Religiosität und den geistigen Konservativismus der Umgebung vergegenwärtigt, dann ergibt sich, dass alle Zeichen, jedes Wort von Jesus seinen Gegnern beweisen mussten: Der kann es nicht sein. Besonders das Offenlegen des verborgenen Wissens und Tuns. Diese Gegenläufigkeit erreichte ihren Höhepunkt im Kreuzestod. Wäre nicht die Auferstehung gefolgt, so bliebe die Gestalt Jesu letztlich die eines großen Weisen und moralischen Erneuerers, aber im Hauptpunkt ihrer Anklage, er nenne sich unrechtmäßig Gottes Sohn, Messias, hätten die Juden recht behalten. Daher das Urteil des Paulus (1. Kor. 15,14): «Ist aber Christus nicht auferstanden, so ist unsere Verkündigung leer, so ist euer Glauben leer.»

Die Gegnerschaft der Hohenpriester hat verschiedene Gründe. Neid, Furcht vor dem Eingriff der römischen Macht, falls durch den Nazarener eine Volksbewegung ausgelöst würde, die Furcht einer Institution, die sich angegriffen und überflüssig fühlt, wenn das Institutionalisierte – in diesem Fall das religiöse Leben – sich mit neuem Atem füllt; aber hinter all dem stand die nicht überwindbare Unsicherheit, ob er es nicht doch sei. Diese kann nur durch einen gewaltsamen Überzeugungsakt weggeräumt werden. Daher will man vom Gefangengenommenen hören, dass er sich für den Christus hält. Für die Denkweise dieser Menschen ist es unmöglich, dass Gottes Sohn vor ihrem Gericht stehen sollte, ausgeliefert und wehrlos.

Er ist es ihrer Ansicht nach nicht, tut aber viele Zeichen und Wunder, verführt damit das Volk: Er soll sterben. Das soll einerseits öffentlich geschehen, damit sich das Volk davon überzeugt, dass es sich nicht um einen Gott handelt, andererseits soll ihn die römische Macht verurteilen, damit sie überzeugt wird, dass die Juden, die Hohenpriester mit ihm und seiner Bewegung nichts gemeinsam haben. So wird Pilatus in die Geschichte hereingezogen.

Pilatus aber kann die eigentliche Anklage nicht oder nur auf Umwegen vorgelegt werden. Es würde ihn wenig interessieren, dass ein Jude sich für Gottes Sohn hält, das ist nicht seine Sache, keine politische Angelegenheit zunächst; er könnte sogar Interesse am Angeklagten finden und ihn nicht sterben lassen wollen. Daher musste eine andere Anklage gefunden oder das «er hält sich für Gottes Sohn» für Pilatus anders formuliert werden.

Dafür ist die Bezeichnung «der König der Juden» geeignet. Sie war gleichbedeutend mit «Gottes Sohn», hatte aber den Vorteil, sowohl politisch wie religiös – esoterisch – verstanden werden zu können. Eindeutig esoterischen Sinn hat der Ausdruck in Nathanaels Aussage bei Johannes (1,49): «Rabbi, du bist Gottes Sohn, du bist der König von Israel.» Ebenso bei Lukas (1,32-33); Markus (15,32) und Matthäus (27,42-43). Aber selbst im politischen Sinn gebrauchen die Juden dieses Wort nur als letztes Mittel (Joh. 19,12). Zunächst wird nach anderen Anklagepunkten gesucht und wenig gefunden.

Die vorgeschobene Anklage darf nämlich keine absolute Lüge enthalten; die Ankläger wissen, dass Jesus nicht leugnen wird, was wahr ist. Wird er gefragt: Bist du der König der Juden? – im politischen Sinn –, so wird er es bejahen – im esoterischen Sinn. Ebenso wird es sein mit dem Abbrechen und Aufbau des Tempels in drei Tagen (Matth. 26,61; 27,40; Mark. 14,58; 15,29). Matthäus und Markus führen an den genannten Stellen die Worte der falschen Zeugen an beziehungsweise jene, die bei der Verhöhnung des Gekreuzigten gesprochen werden; sie beziehen sich auf eine Aussage Jesu, die aber nur durch Johannes (2,19) überliefert wird: Das zeigt die Einheit des Neuen Testaments.* Vor Pilatus ist dieser Anklagepunkt weder sehr überraschend noch schwerwiegend – der Verklagte schweigt dazu (Matth. 26,63; Mark. 14,61). Die Anklage wird sehr verschwommen wiedergegeben, wie sie wahrscheinlich auch war: «Und fingen an ihn zu verklagen und sprachen:

* Das Motiv «Tempel-Abbrechen, Tempelbau» wird in seinem tieferen Sinn behandelt in G. Kühlewind, *Das Gewahrwerden des Logos*, Kap. 8 und 9. Stuttgart [2]1990.

Diesen finden wir, dass er das Volk abwendet und verbietet, dem Kaiser Steuern zu geben, und spricht, er sei Christus, ein König» (Luk. 23,2). «Sie jedoch behaupteten immer kräftiger: Er wiegelt das Volk auf, damit dass er gelehrt hat hin und her im ganzen jüdischen Lande ...» (Luk. 23,5). «Da ging Pilatus zu ihnen heraus und sprach: Was bringet ihr für Klage wider diesen Menschen? Sie antworteten und sprachen zu ihm: Wäre dieser nicht ein Übeltäter, wir hätten ihn dir nicht überantwortet» (Joh. 18,29-30). Bei Matthäus und Markus sind nicht einmal solche höchst zweifelhaften Anklagen erwähnt, es heißt lediglich: «Und da verklagt ward von den Hohenpriestern und Ältesten ...» (Mark. 15,3). Es mag auch sein, dass Lukas an der angeführten Stelle alle Anklagepunkte zusammenfasst, die ersten und die weiteren, die in der Beschreibung Johannes' erst später angeführt werden. Pilatus gegenüber wird zunächst die eigentliche Anklage gar nicht erwähnt. Noch wird die Bezeichnung «der König der Juden» nicht verwendet oder doch vorerst nur in der höchst verschwommenen, absichtlich verschleierten Form: «... er sei Christus, ein König.»

Pilatus fragt

Nicht umsonst waren die Juden Pilatus gegenüber vorsichtig mit der Anklage. Er durchschaut sie, ihren Neid (Matth. 27,18; Mark. 15,10) und ist ihnen von vorneherein nicht freundlich gesinnt; er will die ganze Angelegenheit von sich weisen (Joh. 18,31). Als er aber dazu gedrängt wird, sich doch mit Jesus zu befassen, lautet seine erste Frage nach allen Berichten (Matth. 27,11; Mark. 15,2; Luk. 23,3; Joh. 18,33): «Bist du der Juden König?» Bis dahin wurde das in keiner Anklage erwähnt (siehe oben), aber alle Texte geben diese Frage des Pilatus wieder. Vielleicht weiß Pilatus aus anderen Berichten etwas über Jesus; vielleicht wurde ihm der Verdacht von den Hohenpriestern heimlich zugetragen. Nach den Synoptikern wird seine Frage bejaht: «Du sagst es.» Im Johannes-Evangelium folgt auf die Frage das Gespräch zwischen Jesus und Pilatus.

Nach der Bejahung der direkten Frage würde man die Verurteilung Jesu erwarten. Politisch verstanden, ist durch die Bejahung die Todesstrafe gerechtfertigt. Pilatus aber spricht Jesus entgegen der Erwartung der Juden unmittelbar frei: «Ich finde keine Schuld an diesem Menschen» (Luk. 23,4; Joh. 18,38). Dasselbe wird auch bei Matthäus und Markus ausgedrückt. Danach folgen «heftige» Anklagen seitens der Hohenpriester, die mit diesem Verhalten des Pilatus offensichtlich nicht gerechnet haben (Matth. 27,12-13; Mark. 15,3-4; Luk. 23,5; 23,10); am ausführlichsten wird die neue Anklage durch Johannes (19,12 und 19,15) wiedergegeben: «Lässt du diesen los, so bist du des Kaisers Freund nicht; denn wer sich zum König macht, ist wider den Kaiser ... Wir haben keinen König denn den Kaiser.» Darauf willigt Pilatus ein: Er überantwortet Jesus, dass er gekreuzigt werde.

Nach der Darstellung der Synoptiker erkennt Pilatus sehr rasch, dass es nicht um eine politische Missetat geht, dass die Anklage der Hohenpriester nur ein Vorwand ist, um die Kreuzigung Jesu durch die römische Macht zu erreichen. Er kennt den esoterischen Sinn des Ausdrucks «der König der Juden». Er will Jesus vom Tode retten, darin stimmen alle vier Evangelien überein. Das Schweigen des Verklagten macht ihn stutzig (Matth. 27,14; Mark. 15,5; Luk. 23,9; Joh. 19,9). Er merkt daran, dass er sich gar nicht retten will: Es wäre nicht besonders schwer gewesen, die Widersprüche in den Anklagen, die Meinungsverschiedenheiten zwischen den

Pharisäern und Sadduzäern für die eigene Verteidigung zu benutzen oder sich einfach als religiösen Erneuerer darzustellen, der er ja schließlich war, so dass Pilatus ihn in politischer Hinsicht hätte freisprechen können. Durch Johannes aber erfahren wir noch mehr: «Da ging Pilatus wieder hinein ins Richthaus und rief Jesum und sprach zu ihm: Bist du der Juden König? Jesus antwortete: Sagst du das von dir selber, oder haben es dir andere von mir gesagt? Pilatus antwortete: Bin ich ein Jude? Dein Volk und die Hohenpriester haben dich mir überantwortet. Was hast du getan? Jesus antwortete: Mein Königtum ist nicht von dieser Welt. Wäre mein Königtum von dieser Welt, meine Diener würden kämpfen, dass ich den Juden nicht überantwortet würde; aber nun ist mein Königtum nicht von dannen. Da sprach Pilatus zu ihm: So bist du dennoch ein König? Jesus antwortete: Du sagst es, ich bin ein König. Ich bin dazu geboren und in die Welt gekommen, dass ich für die Wahrheit zeuge. Wer aus der Wahrheit ist, der höret meine Stimme. Spricht Pilatus zu ihm: Was ist Wahrheit?» (Joh. 18,33-38)

In der ausführlicheren Fassung des Johannes folgt auf die Frage des Pilatus eine Gegenfrage: Jesus will wissen, in welchem Sinne Pilatus den Ausdruck «König der Juden» meint; ist er *selbst* auf den Gedanken gekommen, oder fragt er im trivialen Sinn, wie er es eventuell von den Juden gehört hat. Pilatus bekräftigt, dass er den esoterischen Sinn meint – er sei kein Jude, mit Betonung auf dem Wort «ich». Jesus sieht sein Interesse und erklärt – erklärt eigentlich alles. Pilatus will noch in Bezug auf sein Königtum ein klares «Ja» hören. Nun erklingt, wie in den synoptischen Berichten: «Du sagst es.»

Dieses Wort «du sagst es» (Matth. 26,25; 27,11; Mark. 15,2; Luk. 23,3) ist kein Zeichen der Bescheidenheit; dagegen spricht schon Matth. 26,25, wo es dem Verräter gegenüber gesprochen wird; es hat etwa die Bedeutung: «Es gibt Aussagen, die nicht gut von denen gemacht werden können, über die etwas ausgesagt wird. Wenn *ich* sage, dass ich ein ‹König› bin, kann es nicht einfach hingenommen werden, in jedem Fall musst *du* es mit-sagen: Der Fragende muss die Antwort als wahr anerkennen, von sich aus bejahen oder selbst sagen können, er muss sich zu der Antwort entscheiden, sie bejahen oder ablehnen. Die Verantwortung liegt bei ihm.»

Es folgen die Worte über die Wahrheit, Unverborgenheit oder Aletheia. «Ich bin gekommen, um unverborgen zu machen, was bisher verborgen war. Wer aus der Sphäre des Lebens, der lebendigen Wahrheit ist, der wird es verstehen.»[39]

Des Pilatus Frage – was ist Aletheia? – ist weder zynisch noch weltmännisch, das sind eher Empfindungen des heutigen Menschen. Er fragt sehnsüchtig und vielleicht durch die Situation in Verlegenheit gebracht: Was ist das Übersinnliche, was ist Geistigkeit, das jetzt offenbar werden soll; aus dem ein Mensch *sein kann*?

Das Gespräch ist einzigartig und ungewöhnlich. Jesus bricht sein Schweigen, spricht mit Pilatus in einem Ton, wie er mit den Juden (Joh. 5,38; 8,47; 10,27) oder sogar nur mit seinen Jüngern gesprochen hat (Joh. 14,17). Dass er so tut, dient nicht dem Zweck, dass er freigesprochen oder freigelassen werde, sondern allein dazu, dass Pilatus berührt wird – von seiner Wesenheit, die selbst die Verkündigung ist. Auf die Frage des Pilatus gibt er nach einem kleinen Umweg (Joh. 18,34-38) keine direkte Antwort; er sagt etwa: Ich bin der König im Königtum der Himmel. Pilatus will es direkt hören, es erklingt das «Du sagst es» und die Erklärung, was die Anwesenheit des Königs aus dem Königtum der Himmel *auf Erden* bedeutet: Was dort Wesen und Sein ist, wird durch ihn hier Aletheia, das heißt Offenbarung, unverborgene, dem Vergessen nicht ausgesetzte Wahrheit. Da fragt Pilatus über die Aletheia. Nun will er seinen Belehrer freilassen (Joh. 18,19); er finde an ihm keine Schuld, nennt ihn dabei den König der Juden, zeigt damit in der Öffentlichkeit zum ersten Mal, dass er diesen Titel nicht im politischen Sinn auffasst. Seinen Versuch, Jesus zu retten, vereiteln die Juden; sie wollen Barabbas freigelassen haben.

Jesus belehrt *nur* Pilatus über sein Königtum, jedenfalls geschieht das Gespräch nicht vor seinen Anklägern. Der Landpfleger ist überzeugt, sein Gesprächspartner hat mit politischem Verbrechen nichts zu tun, und er empfindet wohl, dass vor ihm ein reiner und weiser Mensch steht, vielleicht auch noch mehr. Daher gehen seine Fragen und das Gespräch über das Thema der gerichtlichen Untersuchung nun hinaus: «Was ist Wahrheit?» Jesu Abstammung «von oben her» wird überhört oder bezweifelt oder nicht verstanden. Pilatus weiß, dass «der Juden König» eine Art hohen geistigen Rang bedeutet, es ist ihm aber nicht bekannt, dass es derselbe ist, der – nicht nur in der jüdischen, sondern auch in den ihm besser bekannten heidnischen Traditionen – Gottes Sohn genannt wird.

Nachdem sein erster Versuch, Jesus freizugeben, fehlgeschlagen ist, schlägt er einen anderen Weg ein. Sicherlich ist ihm das Schweigen Jesu vor dem jüdischen Gericht bekannt gewesen. Es ist ihm unheimlich und unverständlich, dass der Verklagte auf jede Verteidigung verzichtet. Würde er öffentlich aussagen, was er ihm, Pilatus, im Vertrauen und in einer geheimen Sprache mitgeteilt hat, wäre er nicht zu verurteilen, wenigstens nicht durch ihn. Er will Jesus dazu bewegen, öffentlich auszusagen, dass er Mensch und nur Mensch ist, dass er zwar den esoterischen Rang des Königs der Juden für sich beansprucht, aber kein Aufwiegler des Volkes ist. Er soll sich als Mensch verhalten, sich verteidigen. Die Frage «Was ist Wahrheit?» zeigt, dass Pilatus die Mission des Logosträgers: «Ich bin geboren und in die Welt gekommen ...» nicht versteht, ja, nicht wahrhaben will, denn nähme er sie ernst, so wäre er zu Konsequenzen gezwungen. Er ist auch diesbezüglich unsicher; er will Jesus zur «besseren Einsicht» bringen, gleichzeitig aber auch sich selbst beweisen, dass der vor ihm Stehende ein Mensch ist und nichts anderes: ein politisch ungefährlicher Mensch. Er möchte – so könnte man es formulieren – allein *den Menschen* im Gottmenschen zum Erscheinen, zum Geständnis zwingen. Er könnte dabei auch den Gedanken gehabt haben: Wenn dieser wirklich von oben her, das heißt ein Gott ist, und für den Römer war ein verkleideter Gott keine fremde Vorstellung, dann wird er sich nicht erniedrigen lassen.

Es folgt die Geißelung und die Erniedrigung; der Logosträger lässt es mit sich geschehen. Pilatus lässt ihn dornengekrönt, im Purpurkleid und mit den Spuren der Erniedrigung vor dem Volk erscheinen, und es erklingt nun: «Siehe, der Mensch.» Dem Text nach könnte das auch Jesus gesagt haben, dem inneren Sinn nach sagt es Pilatus, der Text lässt das ebenfalls zu; die Aussage scheint den oben beschriebenen Sinn zu haben, keinen «tieferen». Pilatus sagt damit: «Seht, es ist doch offensichtlich, dass er ein Mensch ist.» Als die Hohenpriester und ihr Gefolge nach Kreuzigung schreien, spricht Pilatus Jesus zum zweiten Mal frei von Schuld – die Juden mögen ihn ohne seine Zustimmung kreuzigen, wenn sie ihn für einen religiös Abtrünnigen befinden; er weiß, dass sie das nicht tun werden. Darin täuscht er sich auch nicht.

Die Juden wollen unbedingt seine Zustimmung und geben nun ihre bisher verschwiegene eigentliche Anklage preis: «Er hat sich zu Gottes Sohn gemacht» (Joh. 19,7). Damit wird Pilatus bewusst, dass die Bezeichnung «König der Juden» gleichbedeutend ist mit «Gottes Sohn». «Als Pilatus dieses Wort hörte, fürchtete er sich noch mehr» (Joh. 19,8). Der griechische Text ist fast unübersetzbar, er bedeutet auch: «bekam noch mehr Angst». Das «noch mehr» deutet auf eine schon vorhanden gewesene Angst, und man kann diese nur als eine zwiespältige Angst verstehen: die Sorge, politisch, weltlich richtig zu verfahren, und die Angst, durch ein unheimliches Gefühl – auch durch den Traum seiner Frau (Matth. 27,19) – gemahnt, in einer wichtigen geistigen Angelegenheit eine üble Rolle zu spielen. Einzeln wäre weder das eine noch das andere in seiner Machtposition problematisch: Das Leben eines jüdischen Priesters war keineswegs teuer, und ebenso wenig hätte es an der Macht gefehlt, sein Leben zu verschonen. Pilatus aber ist einerseits in einer politischen Position, andererseits – wie aus dem Vorangehenden zu ersehen ist – empfindlich und für das Geistige empfänglich – eine schwierige Kombination.

Es erklingt nun seine dritte Frage an Jesus: «Woher bist du?» (Joh. 19,9). Und wieder schweigt der Befragte; Pilatus spricht zu ihm, betroffen über seine Macht und zugleich über sein Dilemma (Joh. 19,10): «Redest du nicht mir mir?» – das heißt: Verkündest du mir nicht die Wahrheit? «Weißt du nicht, dass ich Macht habe, dich zu kreuzigen, und Macht habe, dich loszugeben?» Die Antwort Jesu (19,11) bezieht sich unmittelbar nur auf die Frage der Macht: «Du hättest keine Macht über mich, wenn sie dir nicht wäre von oben gegeben; darum, der mich dir überantwortet hat, der hat größere Sünde.» Der letzte Satz ist nur in dem Fall verständlich, wenn Pilatus den Überantworteten kreuzigen lässt. Sonst hätte Pilatus überhaupt keine Sünde. Und Pilatus wird sehr bald widerlegt: Er hat keine Macht, Jesus loszugeben, obwohl er das will. Er hat nur Macht von oben, ihn kreuzigen zu lassen.

Jesu Antwort bewirkt bei Pilatus, vielleicht zunächst nicht völlig bewusst, aber im Lauf der Geschehnisse immer klarer, dass er gleichzeitig zwei Möglichkeiten des Handelns findet. Durch das juristisch unfassbare Schweigen Jesu, durch seine Worte im ersten Gespräch und besonders durch seine letzte Antwort – man berücksichtige die fast unvorstellbar paradoxe Situation – wandelt sich der Zweifel, der Verdacht in Bezug auf die Wesenheit des Verklagten fast in eine Art Sicherheit: *Er ist es*. Ihm ist jetzt auch klar, dass der ungewöhnliche Gefangene dem Tod nicht ausweichen will. Die letzte Antwort hat dies bekräftigt und lässt Pilatus eine doppelte Hoffnung: Wenn es unvermeidlich wird, ihn kreuzigen zu lassen, ist das von einer höheren, göttlichen Macht zugelassen, vorgesehen, und dann hat er, Pilatus, nicht die Verantwortung, er ist bloß Werkzeug in der Hand der Götter, um auszuführen, wogegen der Verklagte sich nicht wehrt. Andererseits und doch im Sinne des vorangehenden Gedankenganges, wird er wieder versuchen, ihn zu retten, um damit und auch durch andere Gesten, wie die Handwaschung, seine Unschuld klarzustellen. Letztlich lebt in ihm vielleicht auch noch ein Zweifel, er hätte sich doch geirrt; aber bei der Kreuzigung muss es sich zeigen: Ist er wirklich von oben, dann kann Jesus nicht am Kreuz sterben wie ein Mensch. Zweifel und Hoffnung: Am Kreuz wird es sich zeigen, und wehe den Juden, wenn er doch ein Gott ist. Bei der Gefangennahme und bei der Geißelung ist der Gott nicht aus dem Prediger hervorgetreten: *Sterben* aber kann ein Gott nicht.

Ohne diese Gedankengänge wäre der Text Joh. 19,12 «Von dem an trachtete Pilatus, wie er ihn losließe» nicht verständlich. Er hat schon vorher zweimal versucht, Jesus freizugeben.

«Von dem an» heißt: nachdem er sich eine neue Einsicht erworben hat, eine Gewissheit fast, wie es um Jesus steht; nachdem er nun weiß, dass der Juden König derselbe wie Gottes Sohn ist, und nachdem die letzten Worte Jesu ihm gleichsam vorausgezeichnet haben, was geschehen muss und wird.

Während er bis dahin Jesus als einen Menschen betrachten – Ecce homo – und als solchen losgeben wollte, ohne das Göttliche in ihm wahrzuhaben, was Jesus aber nicht zuließ – er verhielt sich nach wie vor nicht wie ein Mensch –, versucht er nun, seiner als eines Gottes, als des Sohnes gewahr zu werden und sein von höherer Stelle intendiertes Schicksal walten zu lassen, womöglich so, dass er selbst daran keine Schuld trage. Er wird bald erfahren müssen, dass der rätselhafte Verklagte auch diesen Erwartungen nicht entspricht – weder das eine noch das andere Ärgernis liefert eine ausreichende Grundlage, ihn zu verstehen. Dazu gehört eine neue Idee, er ist weder nur Mensch noch nur Gott.

Der König der Juden

Es wird zum Verständnis der folgenden Szenen nützlich sein, sich bewusst zu machen, dass der Ausdruck «der König der Juden» bisher – seit der Gefangennahme Jesu – von den Juden noch nicht ausgesprochen wurde. Die Hohenpriester wollten hören, dass er sich für Christus, Gottes Sohn, hält. «König der Juden» – diese Bezeichnung taucht in der ersten Frage des Pilatus auf; vor der Geißelung nennt Pilatus ihn öffentlich so (Joh. 18,39), was aber von den Juden, wahrscheinlich absichtlich, überhört wird; dann wird es als Hohnruf nach der Geißelung von den Kriegsknechten ihm zugerufen (Joh. 19,3; Mark. 15,18; Matth. 27,29). Pilatus legt dem keine politische Bedeutung bei, die Kriegsknechte nehmen es nicht ernst. Als aber die Hohenpriester es als Anklagepunkt aussprechen (Joh. 19,7), in der Form «er machte sich zum Sohn Gottes», da ahnt Pilatus sogleich, dass dies nun als *öffentliche* Anklage zum Tod Jesu führen muss – «und er fürchtete sich noch mehr». Trotzdem ist er bemüht, den Angeklagten freizulassen. Das wird auf die vorausgesehene Weise vereitelt, denn die Hohenpriester greifen nun zum letzten Argument (Joh. 19,12): «Lässt du diesen los, so bist du des Kaisers Freund nicht; denn wer sich zum König macht, der ist wider den Kaiser.» Wortwörtlich gebrauchen die Juden damit zum ersten Mal den Ausdruck «König» und geben zu, dass «Gottes Sohn» und «König der Juden» Synonyme sind. Dagegen hat Pilatus kein Argument mehr, er lässt das Schicksal walten, macht es aber den Hohenpriestern so schwer wie möglich.

Erstens bringt er mit allen Mitteln zum Ausdruck, dass er selbst an Jesus keine Schuld findet: durch die Handwaschung (Matth. 27,24), durch wiederholtes Fragen: «Was hat er getan?» (Mark. 15,14; Luk. 23,22), durch ausdrückliche Freisprechung von Schuld (Luk. 23,14-16). Da er weiß, dass dies alles wirkungslos bleiben wird, nennt er den Verurteilten wiederholt den Christus (Matth. 27,17 und 22) oder den König der Juden (Mark. 15,9 und 12) und zwingt dadurch die Hohenpriester, den religiösen Erwartungen des Volks empfindlich zu widersprechen. Am eindrucksvollsten wird sein Verhalten bei Johannes (19,14) geschildert. Pilatus setzt sich auf den Richtstuhl und sagt feierlich: «Sehet, euer König.» Die Juden müssen ihn unter dieser Bezeichnung verleugnen. Darauf Pilatus wieder (19,15): «Soll ich euren König kreuzigen?» Die Hohenpriester verleugnen ihn daraufhin zum dritten Mal. Pilatus zeigt mit diesen Fragen in der Öffentlichkeit, dass er die Bezeichnung «Christus» oder «der König der Juden» nicht als politische und damit strafbare Bezeichnung betrachtet: Er zwingt die Juden, das wiederholt selbst zu entscheiden. Wenn *sie* es für ein politisches Vergehen halten, so ist *er* nicht schuldig am Tod «dieses Gerechten» (Matth. 27,24), auch dann nicht, wenn er die Strafe bewilligt. Es ist, als ob er sagen wollte – und nach den Texten der Evangelisten sagt er es wirklich: «Ich finde an ihm keine Schuld. Ist er der Christus, der König der Juden – im esoterischen Sinn – oder Gottes Sohn, oder hält er sich dafür, so ist das in meinen Augen kein politisches Vergehen. Wenn aber *ihr* daran festhaltet, dass dieser König ein Gegenkönig wider den Kaiser ist, so muss ich es akzeptieren, ich muss so handeln, als ob ich das glauben würde.» Denn es wäre ohne Zweifel sehr ungewöhnlich, wenn der römische Landpfleger in einem Prozess einen Juden, den die jüdischen Hohenpriester und Ältesten politischer Gegnerschaft dem Kaiser gegenüber bezichtigen, in seinen Schutz nähme. Und würde er ihn doch freisprechen, so käme der Fall durch eine Appellation der Juden vor ein römisches Gericht, das sicherlich nicht verstehen würde, warum der Landpfleger eine Bezeichnung wie «der Juden König» als politisch ungefährlich beurteilt hat, eine Bezeichnung, die der Angeklagte für sich in Anspruch nimmt. So bleibt Pilatus kein Spielraum, er muss tun, wozu er durch die Juden und das Schweigen Jesu gezwungen wird. Dieser gibt ja zu: *Er ist* der, für den die Juden ihn halten beziehungsweise um dessentwillen sie ihn anklagen. Zwischen dem esoterischen und dem exoterischen Sinn der Anklage «König der Juden» wurde er verurteilt.

Man kann fragen, warum die Juden darauf bestehen, dass Jesus durch Pilatus verurteilt werde; es steht ihnen ja schon nach der Geißelung frei, ihn zu kreuzigen: «Nehmt ihr ihn hin und kreuzigt ihn, denn ich finde keine Schuld an ihm» (Joh. 19,6). Sie wollen aber Jesus als politischen Aufwiegler sterben lassen, nicht als religiösen Ketzer, denn als solcher schien er ihnen auch als Märtyrer gefährlich, er hatte ja eine beträchtliche Anhängerschaft im Volk, man erinnere sich an den Einzug in Jerusalem. Sie wollten vor dem Volk klarstellen, dass er aus politischen Gründen verurteilt worden sei. Auf politisches Vergehen stand die schmachvollste Strafe – die Kreuzigung; indem sie diese erwirkten, wollten sie auch verhindern, dass sich eine religiöse Sekte bildete; als religiösen Ketzer hätte man ihn gesteinigt, wie Stephanus (Apg. 6 und 7). Aus letzterem Fall geht auch hervor, dass die Behauptung der Juden «Wir dürfen niemanden töten» (Joh. 18,31) nicht der Wahrheit entspricht. Um ihr Ziel zu erreichen, müssen die Hohenpriester ihre ersten Anklagepunkte fallenlassen und die bisher des Volkes und Pilatus wegen verschwiegene Anklage «Gottes Sohn und König der Juden» doch öffentlich aussprechen. Damit gestehen sie (Joh. 19,7), Jesus eines religiösen Vergehens anzuklagen: Die Doppeldeutigkeit des Ausdrucks «König der Juden» ermöglicht es aber, dass sie eine politische Verurteilung, allerdings in eigener Verantwortung, erzwingen. Die wichtigste Ursache aber, warum sie ihre eigentliche Anklage verschweigen wollten, werden wir noch sehen.

Nachdem Jesus ans Kreuz geschlagen ist, verhehlen die Hohenpriester nicht mehr, dass sie ihn des religiösen Vergehens wegen haben verurteilen lassen (Matth. 27,42; Mark. 15,32): «Ist er der König Israels, so steige er nun vom Kreuz, so wollen wir ihm glauben.» Es hätte keinen Sinn, solches von einem weltlichen König zu erwarten: *Jetzt* machen auch sie den esoterischen Sinn des Ausdrucks geltend.

Pilatus seinerseits bestätigt denselben durch seine Kreuzesinschrift (Matth. 27,37; Mark. 15,26; Luk. 23,38; Joh. 19,19), die er auch auf den Einspruch der Hohenpriester hin nicht ändern lässt (Joh. 19,21-22): «Was ich geschrieben habe, das habe ich geschrieben.» Er ist überzeugt: Das war wirklich der König der Juden, ein Gerechter, vielleicht auch noch mehr, und das soll sich bei der Kreuzigung zeigen. Es zeigt sich aber – wenigstens für Pilatus – nicht: Jesus stirbt, sogar unerwartet bald (Mark. 15,44). Die Texte schweigen darüber, wie Pilatus die Nachricht über die Auferstehung entgegennahm, und wir können und wollen es uns auch nicht vorstellen.

«Bist du der Juden König? – Du sagst es. – Ich finde an ihm keine Schuld.» Dieses Gespräch verrät viel von dem, was zwischen Jesus und Pilatus vorgegangen ist. Inhaltlich ist es nicht nachzuvollziehen. Logisch betrachtet, kann man sich demnach gar keine Antwort Jesu denken, aufgrund deren er für schuldig hätte befunden werden können. Er überzeugt Pilatus nicht durch seine Worte – aber sie kommen in geistig-seelische Berührung. Denn Pilatus ist kein zufälliger Mitspieler in diesem Drama. Er wird schicksalsmäßig in die Geschichte hineingezogen, in die Geschichte des Gott-Menschen. Er hat es schwer wie alle anderen, die damit in Berührung kommen. Seine Schwierigkeiten sind dieselben wie die der anderen, und sie wurden unter dem Wort «Ärgernis» dargestellt. Er wird in dieser Geschichte schuldig, zwangsläufig schuldig, genauso wie die anderen. Als Außenstehender – weder Gegner noch Jünger –, in der Position der höchsten weltlichen Macht, der höchsten Macht überhaupt, nimmt Pilatus instinktiv Partei für den Angeklagten, ganz entgegen seinem sonstigen Verhalten (Luk. 13,1). Und seine Geschichte zeigt es am klarsten: Der Logosträger muss und will sterben und macht es Pilatus unmöglich, ihn zu retten.

Pilatus stellt drei Fragen an ihn (abgesehen von den rhetorischen Joh. 18,35 und 19,10): «Bist du der Juden König?» (18,33); «Was ist Wahrheit?» (18,38); «Woher bist du?» (19,9). Die letzte Frage zeigt, dass er bei der ersten und zweiten den Angeklagten nur als einen Menschen sehen wollte. Die erste Antwort «Ich bin geboren und in die Welt gekommen …» überhört er, versteht er nicht, und seine zweite Frage kommt aus dem Unverständnis für das, was allein dem höheren und dem niederen Menschen *zugleich* und *zusammen* eigen ist und nur aus diesem Doppelwesen aufblühen kann: die Wahrheit, die Unverborgenheit. Auch die Frage: «Was ist Wahrheit?» kann nur aus diesem Doppelwesen kommen, und es deutet auf einen guten Schicksalskern in Pilatus, dass er diese Frage wenigstens stellt. Er will aber zunächst nur den Menschen wahrhaben, daher versteht er die menschheitliche, übermenschliche Mission nicht: «Ich bin geboren und in die Welt gekommen, dass ich für die Wahrheit zeuge» – damit die geschaffene Welt ihre Geistigkeit, ihr Wortwesen in mir erhält und erkennt.

Pilatus wird dann gezwungen, die höhere Herkunft des «Menschen» in Betracht zu ziehen. Die dritte Frage: «Woher bist du?» kann sich auf nichts anderes beziehen. Durch Jesu Schweigen, durch seine folgenden Worte entsteht in ihm aus einer schon vorhanden gewesenen, aber unterdrückten Ahnung nahezu die Sicherheit: Der vor ihm Stehende ist doch nicht einfach Mensch. Er will ihn retten und wird gezwungen, ihn auszuliefern zur Kreuzigung. Er zwingt aber die Hohenpriester zu einem schicksalhaften Schritt. Sie hatten noch einen Grund, den wichtigsten, die Anklage nämlich: «er hat sich zum König von Israel gemacht», vor Pilatus verschweigen wollen. Denn wird *dadurch* einmal Jesus als politischer Verbrecher verurteilt, so ist ein Präzedenzfall geschaffen für jeden eventuell nachfolgenden «Gottessohn» oder «König der Juden», und es galt als Wesen der jüdischen Religion, dass der Messias noch kommen müsse – wenn nicht der eben Verurteilte es war. Nach der Preisgabe Jesu als König der Juden würde in Palästina, solange es unter römischer Herrschaft stand, ein Messias nicht mehr erstehen können – er fiele sofort unter dasselbe Urteil. Die Hohenpriester stellen ihren Unglauben an den Messias zur Schau: Wenigstens zu ihren Lebzeiten rechnen sie nicht mehr mit einem Erlöser. Dass sie die Idee des Messias praktisch – vielleicht nicht zugleich prinzipiell – aufzugeben gezwungen werden, wenn sie den Messias – so sieht ihn Pilatus *vor* der Kreuzigung – verurteilen lassen wollen, das ist des Pilatus Ziel, und er erreicht es. Als ob im Namen der Menschheit auf einen weiteren äußeren Messias verzichtet worden wäre – der wahre ist schon dagewesen und die weitere Messias-Erwartung der jüdischen Religion erhält einen anderen Sinn, zum Beispiel im Chassidismus, der dem *heutigen* christlichen Bestreben nähersteht als manche Strömungen, die sich «christlich» nennen.

Pilatus ist eine menschliche, moderne Gestalt. Er hätte Jesus keineswegs retten können; entgegen seiner eigenen Meinung (Joh. 19,10) hatte er dazu nicht die Macht. Aber wäre er *ganz* und kompromisslos *Mensch* im höchsten Sinne gewesen, wäre er seiner Eingebung, dem Flüstern seines Herzens gefolgt, so hätte er den Logosträger öffentlich anerkennen, von seinem Amt abdanken und unter die Jünger gehen können – was für ein Ärgernis. Wer von uns hätte das oder ähnliches getan?

Die Lehre vom Leiden

Wer will leiden? Wem ist das Leiden etwas, das er aus Liebe zu den anderen auf sich nimmt? Das Bild des Messias wurde offensichtlich ohne diesen Zug vorgestellt, auch von den Jüngern; Petrus «ermahnt» Jesus, als er über die zukünftigen Leiden spricht. Den Juden und den Hohenpriestern war sein Leiden ein unmittelbarer Beweis dafür, dass er *nicht* der Messias war. In den Evangelien wird den Jüngern und den Juden des öfteren von dem Leiden und «Weggehen» des Christus gesprochen – sie verstehen es nicht. Und Jesus bezieht sich wiederholt auf das Alte Testament; da werden neben dem siegreichen Bild des Messias auch seine Leiden erwähnt (Dan. 9,26; Jes. 53,12; Zach. 12,10). Diese Stellen haben weder die Vorstellungen der Jünger noch der Gegner beeinflusst, das Bild des Frieden und Glück bringenden weltlichen und ewigen Herrschers stand im Vordergrund. Erst nach der Kreuzigung, auf dem Wege nach Emmaus und durch den Auferstandenen belehrt (Luk. 24,45), öffnete sich «ihnen der Sinn, dass sie die Schrift verstanden». Mit dem Tode Jesu ist das Verstehen noch keineswegs da. «Wir aber hofften, er sollte Israel erlösen. Und über das alles ist heute der dritte Tag, dass solches geschehen ist» – klagen die Jünger, nach Emmaus wandernd. Darauf antwortet ihr Weggefährte: «Musste nicht Christus solches leiden und zu seiner Herrlichkeit eingehen? Und fing an von Mose und allen Propheten und legte ihnen alle Schriften aus, die von ihm gesagt waren» (Luk. 24,21; 24,26). Auch für den Evangelisten Johannes (20,8-9) leuchtet der Sinn der Geschehnisse erst nach der Auferstehung auf: «Da ging auch der andere Jünger hinein, der am ersten zum Grabe kam, und sah und glaubte es.

Denn sie wussten die Schrift noch nicht, dass er von den Toten auferstehen müsste.»

Für die Gegner ist es besonders schwer, die Vorstellung vom *leidenden* Messias anzunehmen, denn *sie* sollen es ja sein, durch die er leiden muss. Auf diese Konstellation weist auch Jesus hin: «Weh euch, Schriftgelehrte und Pharisäer, ihr Heuchler, die ihr der Propheten Gräber bauet und schmücket der Gerechten Gräber und sprecht: Wären wir zu unserer Väter Zeiten gewesen, so wollten wir nicht teilhaftig sein mit ihnen an der Propheten Blut» (Matth. 23,29-30). Niemand will glauben, dass der Erlöser *durch ihn* leiden soll, durch ihn getötet werden muss. Den man hasst, dem man Leid zufügen will, der ist eo ipso nie der Erlöser.

Dass sie im Leiden etwas Unwürdiges sehen, das dem Messias, Gottes Sohn, überhaupt nicht ziemt, macht Judas, die Hohenpriester und auch Pilatus – wenn auch in anderem Sinne – zu schuldig-unschuldigen Werkzeugen des Weltenschicksals. Das Leiden ist das größte Ärgernis, bis zum Tod. Da entsteht der Gipfel des Paradoxons, der tote Gott – also kein Gott.

Welches ist der Sinn, der den Jüngern geöffnet wird (Luk. 24,45), der dem geliebten Jünger als sein erkennender Glauben aufgeht? Es ist die letzte Konsequenz der Menschwerdung Gottes, seines Wortes. Wird er Mensch, so muss er sterben, denn nur dadurch ist es möglich, den Rang «Mensch» zu erringen. Und nur ein Mensch kann auferstehen, Götter sind unsterblich. Indem der Menschgewordene *als Mensch* stirbt und als Mensch aufersteht, pflanzt er in die Menschheit den Keim des künftigen Sieges über alles, was todbringend ist, über alles, was heute noch Natur an ihm ist: wofür er noch kein Wort der Aletheia hat, kein schöpferisches Wort, nicht *den eigentlichen Namen*, was noch zukünftige Erbschaft an ihm selber ist. Der Kreuzestod war nicht nur notwendig, sondern die konsequente Durchführung einer Opfertat, eines Leidensweges, der Sinn hat; er war unvermeidlich, die Rollen waren schicksalsmäßig verteilt und der einzige, der das Spiel durchschaut hat, führte auch die Regie. In Bezug auf Judas: «Der ist's, dem ich den Bissen eintauche und gebe. Und er tauchte den Bissen ein und gab ihn Judas, Simons Sohn, dem Ischariot. Und nach dem Bissen fuhr der Satan in ihn. Da sprach Jesus zu ihm: Was du tust, tue es bald» (Joh. 13,26-27); in Bezug auf Pilatus durch seine Worte: «Du hättest keine Macht, wenn sie dir nicht wäre von oben herab gegeben» (Joh. 19,11).

Die, denen die Rollen zugeteilt wurden, sind Mittel zum Heil geworden, daran Mitwirkende. Sie wurden Mittel durch das Ärgernis, das Inkognito, also durch Nichtverstehen. Ihr Nichtverstehen aber gründete darin, dass sie die Schrift nicht lesen konnten. Pilatus nahm kein Ärgernis daran, für ihn war das Inkognito nicht ganz undurchdringlich, wahrscheinlich war er im Alten Testament nicht sehr bewandert, und ihm war das Bild eines leidenden Gottes – Vorläufer des Menschengottes – nicht so fremd. Aber er war unsicher und wartete bis zuletzt auf ein Zeichen. Dieses wurde ihm, wenn überhaupt, erst nachdem alles schon vollbracht und geschehen war. Er war unsicher, weil er nicht mit ganzer Kraft *wollte*, das alte passive Verhalten und Warten auf das Göttliche genügte bereits nicht mehr, schon damals musste man es wollen.

Es konnte nicht anders sein. Man kann sich nicht vorstellen, dass jemand, zum Beispiel einer der Ältesten, durchschaut hätte, was allein der Logosträger wusste: die Notwendigkeit seines Leidensweges, seines Todes. Was hätte der Betreffende tun sollen? Versuchen, ihn zu retten und dadurch das Werk des Heils zu gefährden? Oder wissentlich und absichtlich ihm Leid und Tod zufügen lassen? Beides scheint ungeheuerlich, beides frevelhaft. Die Handwaschung des Pilatus hat auch diesen weiteren Sinn: Es musste geschehen – Pilatus ahnte es, er sah wohl, dass Jesus sich nicht retten wollte. Menschlich ist die Lage des Wissenden nicht ertragbar: Es wurde den Werkzeugen verschleiert, und *daher* erklingen die Worte (Luk. 23,34): «Vater, vergib ihnen; denn sie wissen nicht, was sie tun.» Sie *konnten* es nicht wissen, auch weil sie dieses Wissen nicht hätten lebend ertragen können.

Der letzte zitierte Satz bezieht sich auf *jene einzigartige Lage*. Heute ist Vergehen aus Nichtwissen eine größere Sünde, als wissentlich Böses zu tun, schon für Sokrates war das klar. Denn heute kann man wissen, wenn man es nur will, eben weil die Erlösung – Erlösung von dem Nicht-Wissen-Können – schon geschehen ist. Wer weiß, dass er Böses tut, der hat einen Vorteil demgegenüber, dem das noch bewusst gemacht werden muss – erst danach kann er etwas an seinem Tun ändern.

Der Verräter musste Judas sein, kein anderer Jünger taugte zu dieser Rolle. Er wird aber nicht bekehrt, auch nicht gehindert, obwohl beides ein Leichtes gewesen wäre. «Was du tust, tue es bald.» Alle negativen Rollen waren schicksalhaft; das Nichtwissen war allgemein; auch die Jünger wurden durch ihr Herz, nicht durch ihr Wissen oder Verstehen geführt. Es war keinem gegeben, die Schrift so zu lesen, wie sie ihnen später durch den Auferstandenen erklärt worden ist. Was sagte das Alte Testament? Jedem das, was er zu verstehen zur Zeit fähig war. Niemandem kann *das* gesagt werden, was er nicht versteht.

Das Altern einer Lehre geht in den Herzen ihrer Anhänger vor sich. Naiver Realismus ist einer Lehre gegenüber nicht möglich, nichts «steht geschrieben». Die Verfestigung der Lesart zu Zeiten Jesu war Schicksal und führte durch Schicksals-Schuld zum Kreuz – zum Heil. Heute – nach der

Auferstehung – kann das Versteinern einer Lehre nur negative Folgen haben: Es behindert ihr eigenes Weiterleben, ihr eigenes Aktuellwerden, für diejenigen, die sich ihr nähern wollen, ist ein Leiden für die, die versuchen, sie zu *leben* und zu beleben und nicht nur darüber zu *wissen*, was immer eine Illusion ist. Eine wirkliche Lehre ist *offen*: Das Alte Testament geht nahtlos in das Neue über, und das Neue Testament birgt in sich zahlreiche Keime zukünftiger Lehren. Die alten Lehren verlieren ihren Sinn nicht; aber dieser ändert sich mit der Zeit durch die Veränderung, die sie am Menschen bewirken. Keine wahre Lehre hat ein Ende, wie auch kein Weg, er wäre denn eine Sackgasse. Die Erfüllung des Gesetzes war ihre Überwindung *nach innen;* das Gesetz des Ruhens am Sabbat war durch das Tun des Guten, durch die Charis am Sabbat erfüllt. Gutes zu tun ist das würdige Feiern des Tages – aus dem Ruhetag der Göttlichkeit wird er zum Schöpfungstag durch den Menschen, zum achten Tag. Denn der Mensch ist nicht nur Mensch; er trägt die Ansätze zur Auferstehung in sich, und das ist für viele «Christen» bis zum heutigen Tage ein Ärgernis: das alte Ärgernis.

Die Lehre muss sich erneuern können, sonst stirbt sie. Sonst kann es geschehen, dass ein Außenstehender wie Pilatus ihrem Wesen näherkommt als ihre Anhänger. Sie muss wiederholt durch Pralayas gehen, um Atem zu bleiben zwischen Gestaltung und Auflösung. Dem Menschen wird gesagt: Du musst dein Leben ändern.[40] Nicht einmal, nicht zweimal: stets. Dann wird er die Lehre als das Leben der *einen Lehre* leben. Dann wird er ein Diener des lebenden Logos: leidensbereit und keinen Lohn erwartend, denn er weiß:

Wir sind geboren und in die Welt gekommen,
dass wir über die Wahrheit zeugen.

Anhang

Nachtrag zu «Das Reich Gottes»

Am Anfang dieses Buches (Seite 13 und 14) werden manche Fragen berührt, deren Beantwortung offenblieb.

1. Dass bei Matthäus fast ausschließlich das «Königtum der Himmel», bei den anderen beiden Synoptikern hingegen das «Königtum Gottes» zu lesen ist, erklärt sich aus der Beziehung des Matthäus zur essäischen Lehre. Dieser gemäß besteht die geistige Welt, wie sie durch die Essäereinweihung zu erfahren ist, aus neun Gliedern (siehe R. Steiner, *Das Matthäus-Evangelium*, GA 123, Vortrag v. 8.9.1910). Das erklärt den Gebrauch der Mehrzahl in Bezug auf den «Himmel» wie auch die andere Wortwahl zur Bezeichnung jenes Erfahrungsbereichs, der bei Lukas und Markus das «Königtum Gottes» genannt wird.

2. Die Wörter «erben», «Erbschaft», «der Erbe» kommen nur bei den Synoptikern vor, kein einziges Mal bei Johannes (abgesehen von Off. 21,7). Warum das so ist, mag aus dem Vorangegangenen, besonders aus dem Kapitel «Die Wirklichkeit des Reiches» deutlich geworden sein.

Bei den Synoptikern erhellt der Sinn dieser Wörter aus der Höhenrede vom Jüngsten Gericht bei Matthäus 25,34: «Da wird der König sagen zu denen zu seiner Rechten: Kommt her, ihr Gesegneten meines Vaters, ererbet das Königtum, das euch bereitet ist von der Grundlegung der

Welt.»* Es wird etwas vorbereitet durch die Wesenheiten der geistigen Welt, die den Menschen bis zu seinem Mündigwerden «führen», durch seinen überbewussten geistigen Seelenanteil; das sollte vom Zeitalter der Bewusstseinsseele an nach und nach in die Hände des Menschen übergehen, in sein Wachbewusstsein – darin besteht die Erbschaft.

3. Zu heilen und das Königtum zu predigen, geht in den Evangelien – teils ausgesprochen, teils unausgesprochen – Hand in Hand. Das wird im Hinblick auf den Herrn (Matth. 4,23; 9,35; Luk. 8,1-2) wie auch bei der Aussendung der Jünger (Matth. 10,7-8; Luk. 9,1-2; 9,6; 10,9) deutlich. So heißt es Matth. 4,23: «Und Jesus ging umher im ganzen galiläischen Lande, lehrte in ihren Schulen und predigte das Evangelium von dem Königtum und heilte allerlei Seuche und Krankheit im Volk.»

Der Heiland ist zu den Armen im Geist, zu den Kranken und Sündern gekommen. Diese drei Arten von Niederungen des Menschenwesens gehören zusammen; denn da die Lebensleitung von oben her in der damaligen Zeit geschwächt oder verloren gegangen war, wurden Körper und Seele schwach, kraftlos, krank.** Daher war Krankheit zur Zeit des Herrn viel «sinnvoller», seelischer, vom Geiste ausgehend

* Ähnlich bei Matth. 5,5; 19,29; Mark. 10,17; Luk. 18,18: «Was soll ich tun, damit ich das ewige Leben erbe?»; 1. Kor. 6,9; 15,50.

** Die im Neuen Testament verwendeten Ausdrücke für «Krankheit» bedeuten alle Schwachheit – *asthéneia* – oder Kraftlosikeit, Weichheit (*malakia* – nur bei Matthäus), seelisch-geistige Schwäche, *nosos* – Krankheit, Seuche, aber auch geistige Krankheit, Wahnsinn, Torheit, Untugend, Laster, Fehler, Leidenschaften, wie Liebe oder Hass, auch Leid, Qual. Das Wort für «heilen» – *therapeúo* – bedeutet vor allem freiwilligen Dienst für ein hohes Ziel.

und eben deshalb vom Geiste aus, durch die Seele heilbar. *Diese* Heilung war wie eine Vorbedingung für das Betreten des Weges zum Königtum vom Ich aus, für den inneren Eintritt ins Reich. «Sündige nicht mehr» – diese wiederholte Mahnung setzt die Kraft des Ich voraus – als die Macht, die das Leben regiert, als orientierende Stärke. Zum Reich Gottes führt *diese* neue Art des Geheiltwerdens, deren eklatante Beispiele die Heilung des Blindgeborenen (Joh. 9) und des seit 38 Jahren Kranken (Joh. 5) sind: die Heilung durch den Ich-Funken – «*Willst* du gesund werden?» –, der durch das Angesprochenwerden durch den Herrn zum Aufflammen gebracht wird.

Anmerkungen

1 Siehe dazu Rudolf Steiners Vortrag vom 8. September 1910. In: *Das Matthäus-Evangelium.* GA 123. 7. Aufl., Dornach 1988.

2 Siehe bei Rudolf Steiner das Kapitel «Anthropologie und Anthroposophie» in: *Von Seelenrätseln.* GA 21. 5. Aufl., Dornach 1983.

3 R. Steiner, *Theosophie. Einführung in übersinnliche Welterkenntnis und Menschenbestimmung.* GA 9. 31. Aufl. Dornach 1987.

4 Vgl. das Kapitel «Die Ausbreitung des Heiligen Geistes» in Georg Kühlewind, *Die Erneuerung des Heiligen Geistes.* Stuttgart 2021.

5 Siehe hierzu im folgenden die Kapitel «Die Wirklichkeit des Reiches: Johannes» und «Das zwölfte Kapitel».

6 Owen Barfield, *Evolution – der Weg des Bewusstseins.* Kapitel XVI und XXV. Aachen 1991.

7 Vgl. Rudolf Steiner, Vortrag vom 10. April 1917 in Berlin. In: *Bausteine zu einer Erkenntnis des Mysteriums von Golgatha.* GA 175. 2. Aufl., Dornach 1982.

8 Rudolf Steiner, Vortrag vom 18. September 1912 in Basel. In: *Das Markus-Evangelium.* GA 139. 6. Aufl., Dornach 1985.

9 Siehe das Kapitel «Ausblicke» in Rudolf Steiner, *Vom Menschenrätsel.* GA 20. 5. Aufl., Dornach 1984.

10 Vgl. das Kapitel «Das geisteswissenschaftliche Studium» in Georg Kühlewind, *Die Wahrheit tun.* Stuttgart 2006.

11 Siehe die Kapitel «Das Fleisch» und «Der Logos im Seelenbereich» in: Georg Kühlewind, *Die Erneuerung des Heiligen Geistes.*

12 Vgl. das Kapitel «Charis und Aletheia» in Georg Kühlewind, *Das Gewahrwerden des Logos.* 2. Aufl., Stuttgart 1990.

13 Siehe das Kapitel «Der Logos im Menschen» in Wilhelm Kelber, *Die Logoslehre.* Stuttgart 1976.

14 Vgl. das Kapitel «Das Leben der Bewusstseinsseele» in Georg Kühlewind, *Das Licht des Wortes*. Stuttgart 1984.

15 Vgl. das Kapitel «Die Taufe» in Georg Kühlewind, *Die Erneuerung des Heiligen Geistes*.

16 Siehe das Kapitel «Charis und Aletheia» in Georg Kühlewind, *Das Gewahrwerden des Logos*.

17 Ebenda.

18 Ebenda.

19 Owen Barfield, *Evolution – der Weg des Bewusstseins*. Kap. XVI.

20 Siehe dazu Rudolf Steiners Vortrag vom 26. September 1909 in Basel. In: *Das Lukas-Evangelium*. GA 114. 8. Aufl., Dornach 1985.

21 Vgl. das Kapitel «Die Wandlung des Heiligen Geistes» in Georg Kühlewind, *Die Erneuerung des Heiligen Geistes*.

22 Siehe das Kapitel «Die Lehre vom Leiden», S. 120ff.

23 Siehe Georg Kühlewind, *Das Gewahrwerden des Logos*. Anmerkung 11.

24 Siehe das Kapitel III.2. «Das Sprechenlernen des Kindes» in Georg Kühlewind, *Der sprechende Mensch*. Frankfurt am Main 1991.

25 Vgl. die IX. und die X. Duineser Elegie von Rainer Maria Rilke.

26 Rudolf Steiner, Vortrag vom 10. April 1914 in Wien. In: *Inneres Wesen des Menschen und Leben zwischen Tod und neuer Geburt*. GA 153. 5. Aufl., Dornach 1978.

27 Rudolf Steiner, Vortrag vom 21. Dezember 1924 in Dornach. In: *Anthroposophische Leitsätze*. GA 26. 9. Aufl., Dornach 1989.

28 Martin Buber, «Von dem Sinn. Gespräch im Garten», in: *Daniel. Gespräche von der Verwirklichung*. Leipzig 1913, S. 79.

29 Vgl. das Kapitel «Gottes Wohnen. Die Tempelstadt» in Georg Kühlewind, *Das Gewahrwerden des Logos*.

30 Vgl. das Kapitel «Das Leben», ebenda.

31 Ebenda.

32 Siehe das Kapitel «Tat tvam asi» in Kühlewind, *Das Licht des Wortes*.

33 Siehe im Aufsatz «Pilatus» die Kapitel: «Die doppelte Anklage» und «Der König der Juden».

34 Siehe ebenda das Kapitel «Die Lehre vom Leiden».

35 Ebenda.

36 Ebenda.

37 Georg Kühlewind, *Das Gewahrwerden des Logos*, Kapitel «Der Sprechende».

38 Ebenda, Kapitel «Charis und Aletheia».
39 Ebenda.
40 Rainer Maria Rilke, «Archaischer Torso Apollos». Aus dem Zyklus: *Der neuen Gedichte anderer Teil* (1908).

Nachwort

Von der Keimkraft des Logos

«Das Neue Testament ist selbst der gesäte Samen – das Schicksal dieser Saat sind wir in unserer Unzulänglichkeit. Sind wir in Wahrheit Christen? Gehen wir mit den heiligen Werken um wie mit einer Saat, deren Boden wir sind? Dringen wir vom Zeichen zum Sinn und immer tieferen Sinn vor?»

Diese Worte Georg Kühlewinds aus dem vorliegenden Buch können uns auf einen bedeutenden Zusammenhang aufmerksam machen: Denn so wie das kleine Kind an seiner Sprache das Denken erlernt, indem es den Sinn des Gesprochenen erfasst, so können wir durch die Geisteswissenschaft lernen, zu verstehen, was in den Evangelien gesagt wird. Das Sämann-Gleichnis beschreibt uns den Prozess des Verstehens, so wie ihn Georg Kühlewind hier und in zwei weiteren seiner Bücher* dargestellt hat.

Georg Kühlewinds Evangelienverständnis ist im Kontext sowohl anthroposophischer Evangelien-Auslegung** wie auch zeitgenössischer, christlich-theologischer Exegese voll-

* Vgl. dazu das parallel zu der vorliegenden Neuausgabe, neu aufgelegte, ursprünglich 1992 erschienene Buch *Die Erneuerung des Heiligen Geistes* sowie die für 2022 geplante Neuausgabe des ursprünglich in 2. Auflage 1990 erschienenen Werkes *Das Gewahrwerden des Logos*.

** Vgl. dazu vor allem das umfangreiche Kompendium zum Evangelienverständnis von Emil Bock: *Das Evangelium*, Stuttgart 1984.

kommen einmalig. Er verstand es wie kein anderer, die meditative Haltung der von ihm erarbeiteten anthroposophisch orientierten Meditationsmethode auf das Verständnis der Evangelien anzuwenden.

Denn er hatte eine zentrale Entdeckung gemacht, die sein gesamtes Werk durchzieht und die wir zuerst bei Heraklit ausgesprochen finden: «Der Seele ist Logos eigen, der sich selbst mehrt.»* Diesen sich selbst vermehrenden Logos durch die meditative Erfahrung des Denkens zum Erleben zu bringen, war und ist das Ziel aller seiner Meditationsanweisungen und zugleich die Kernerfahrung, die uns zum Verständnis des Sämann-Gleichnisses, wie er es in dem vorliegenden Buch in einmaliger Weise ausgelegt hat, hinführen kann.

Wenn wir die verschiedenen Versionen des Sämann-Gleichnisses zusammenschauen, dann deutet das Evangelium ja darauf hin, dass der Sämann der Christus selbst ist, und die Saat, die er ausstreut das Wort, der Logos. Denn in der Deutung des Gleichnisses vom Unkraut und vom Weizen heißt es bei Matthäus (13,37): «Der Menschensohn ist's der den guten Samen sät.» Und bei der Deutung des Gleichnisses vom viererlei Acker heißt es bei Markus (4,14): «Der Sämann sät das Wort.» Und bei Lukas (8,11): «Der Same ist das Wort Gottes.»

Alle Gleichnisse, die im Zusammenhang des Sämann-Gleichnisses erzählt werden, werden vom Christus Jesus erzählt, um auf das Reich Gottes hinzuweisen und darauf, wie der Mensch dieses Reich erlangen kann. Versteht man diese Gleichnisse in ihrer ganzen Tiefe, dann offenbaren sie demjenigen, der eine «fruchtbare Erde» in sich bereitet hat, den Weg, den der Mensch einschlagen kann, um zu dem Christus

* Heraklit, Fragment 115.

selbst zu gelangen. Dieser ist eben der Logos, der in jeder Menschenseele auf diese Weise geboren wird.

Auf diese Geburt des Logos in der Seele des Menschen wollen im Prinzip alle Bücher Georg Kühlewinds aufmerksam machen und uns einen Weg zu dieser Geburt hin weisen. Im vorliegenden Buch wird uns dieser Weg anhand der Evangelien selbst gewiesen, und dafür dürfen wir Georg Kühlewind in höchstem Maße dankbar sein.

Zum Abschluss noch ein Hinweis zu den verschiedenen Textausgaben und Übersetzungen des Neuen Testamentes. Georg Kühlewind hat überwiegend die ältere Luther-Übersetzung genutzt, gelegentlich auch die Zürcher Bibel. Diese älteren Übersetzungen bieten den Vorteil, dass sie nicht versuchen, die Sprache des Neuen Testamentes an unsere heutige Alltagssprache allzu sehr anzupassen.

Selbstverständlich gibt es auch andere Bibelübersetzungen, die versucht haben, dem Original möglichst treu zu bleiben, so etwa die Schlachter-Bibel oder auch die Elberfelder Übersetzung. Georg Kühlewind bevorzugte dennoch die alte Luther-Übersetzung und die Zürcher Bibel, weil diese, bei aller Treue zum Original, in besonderer Weise sprachschöpferisch gestaltet sind und daher die Schönheit der deutschen Sprache zur Geltung kommen lassen.* Wobei auch zu berücksichtigen ist, dass er die griechische Originalsprache des Neuen Testamentes sehr gut beherrschte.

Andreas Neider

* Die Übersetzung des Neuen Testamentes von Emil Bock hat Georg Kühlewind in seinen Büchern wohl deshalb nicht benutzt, weil ihn die Übersetzung und die in ihr enthaltenen Interpretationen sprachlich nicht überzeugten; so jedenfalls äußerte er sich andeutungsweise auf Nachfragen von Teilnehmern seiner Seminare.

Georg Kühlewind wurde am 6. März 1924 in Budapest geboren. Mit etwa 40 Jahren hat er sich entschlossen, von vorne anzufangen und den geistigen Schulungsweg neu aufzubauen. Mit 55 ließ er sich von seinem Lehrstuhl für Physikalische Chemie an der TU Budapest pensionieren und widmete sich seither ausschließlich der Geistesforschung. Er hat über 20 Bücher geschrieben und weltweit unzählige Vorträge und Seminare gehalten zu Themen wie der Bewusstseinsschulung, der Psychologie, der Pädagogik, der Sprachwissenschaft und der Christologie. Georg Kühlewind ist am 15. Januar 2006 gestorben.

Georg Kühlewind

Licht und Leere

Das letzte Notizheft und ein Fragment
255 Seiten, gebunden mit Schutzumschlag

Dieses Buch führt den Leser in die Werkstatt Georg Kühlewinds. Neben einem Fragment seines vielfach erwarteten Buches über das leere Bewusstsein enthält es das komplette letzte Notizheft über das Thema, in Form von Meditationen oder wegweisenden Zitaten. Eine einzigartige Quelle, die dazu einlädt, sich selbstständig auf den Weg zu machen.

Verlag Freies Geistesleben

Georg Kühlewind

De Profundis

Briefe an die Freunde
160 Seiten, gebunden mit Schutzumschlag

«Ich bin kein Meister, kein Gerechter. Aber ich schlage vor, dass wir es tun, das Einzige, was man tun kann, um Zukunftskeime zu setzen: das Meditieren für die Zukunft, für die essenzielle – nicht nur zeitliche – Zukunft.»

Georg Kühlewind

Diese Briefe sind Texte für die Meditation, für die vertiefende Annäherung an den Sinn der Jahresfeste, und sie gelten zentralen Themen der Bewusstseinsschulung.

Verlag Freies Geistesleben